伍

中華武術大觀

農家書屋

NONG JIA SHU WU

图书在版编目(CIP)数据

吕紫剑专辑:武当太乙火龙掌、武当太乙八卦双刀、武当太乙八卦鸡爪钺/吕紫剑编著. —武汉:湖北科学技术出版社,2016.4(2018.1重印)
(中华武术大观)
ISBN 978-7-5352-8589-8

Ⅰ.①吕… Ⅱ.①吕… Ⅲ.①拳术—基本知识—中国 ②刀术(武术)—基本知识—中国 ③器械(武术)—基本知识—中国 Ⅳ.①G852.1 ②G852.2

中国版本图书馆 CIP 数据核字(2016)第 072857 号

责任编辑:谭学军 徐 竹　　　封面设计:胡 博

出版发行:湖北科学技术出版社　　　电话:027—87679468
地　　址:武汉市雄楚大街 268 号　　　邮编:430070
　　　　(湖北出版文化城 B 座 13—14 层)
网　　址:http://www.hbstp.com.cn

印　　刷:武汉立信邦和彩色印刷有限公司　　　邮编:430026

787×1092 1/16　　5 印张　　6 插页　　66 千字
2016 年 7 月第 1 版　　　2018 年 1 月第 2 次印刷
定价:26.00 元

呂紫劍

武當太乙火龍掌

武當太乙八卦雙刀

武當太乙八卦鷄爪鉞

專輯

长江出版传媒
湖北科学技术出版社
南粤出版社

責任編輯　董　陽　葉生剛　李慎謙
執行編輯　李慎謙
封面設計　洪清淇
攝　　影　孔可風
插　　圖　姚佳麗

書　　名　吕紫劍專輯·武當太乙火龍掌
武當太乙八卦雙刀
武當太乙八卦鷄爪鉞
（中華武術大觀·5）
編 著 者　吕紫劍演授　吕舜華演練
整　　理　古都子
聯合出版　南粤出版社
香港域多利皇后街十號801室
SOUTH CHINA PRESS
Rm. 801, 10 Queen Victoria Street, Hongkong
湖北科學技術出版社
中國湖北省武漢市東亭路2號
HUBEI SCIENCE AND TECHNOLOGY PRESS
2 Dong Ting Road, Wuhan, Hubei, China
發　　行　三聯書店（香港）有限公司
香港域多利皇后街九號
JOINT PUBLISHING (H. K.) CO., LTD.
9 Queen Victoria Street, Hongkong
印　　刷　陽光印刷製本廠
香港柴灣嘉業街十號12樓
版　　次　1991年5月香港第一版第一次印刷
規　　格　16開（184×260mm）92面
國際書號　ISBN 962·04·0920·5

1

2

1. 武當南岩

2. 武當紫霄宫全景

3. 道旁小石亭

4. 紫霄宫正殿

5. 通向金頂的石梯

3

4

5

6

6. 吕紫劍及其孫女吕舜華

7. 吕紫劍在演練武當太乙火龍掌

8. 順風扯旗

9. 吕紫劍演練武當八卦雙刀

10. 吕舜華演練武當八卦掌

7

8

9

10

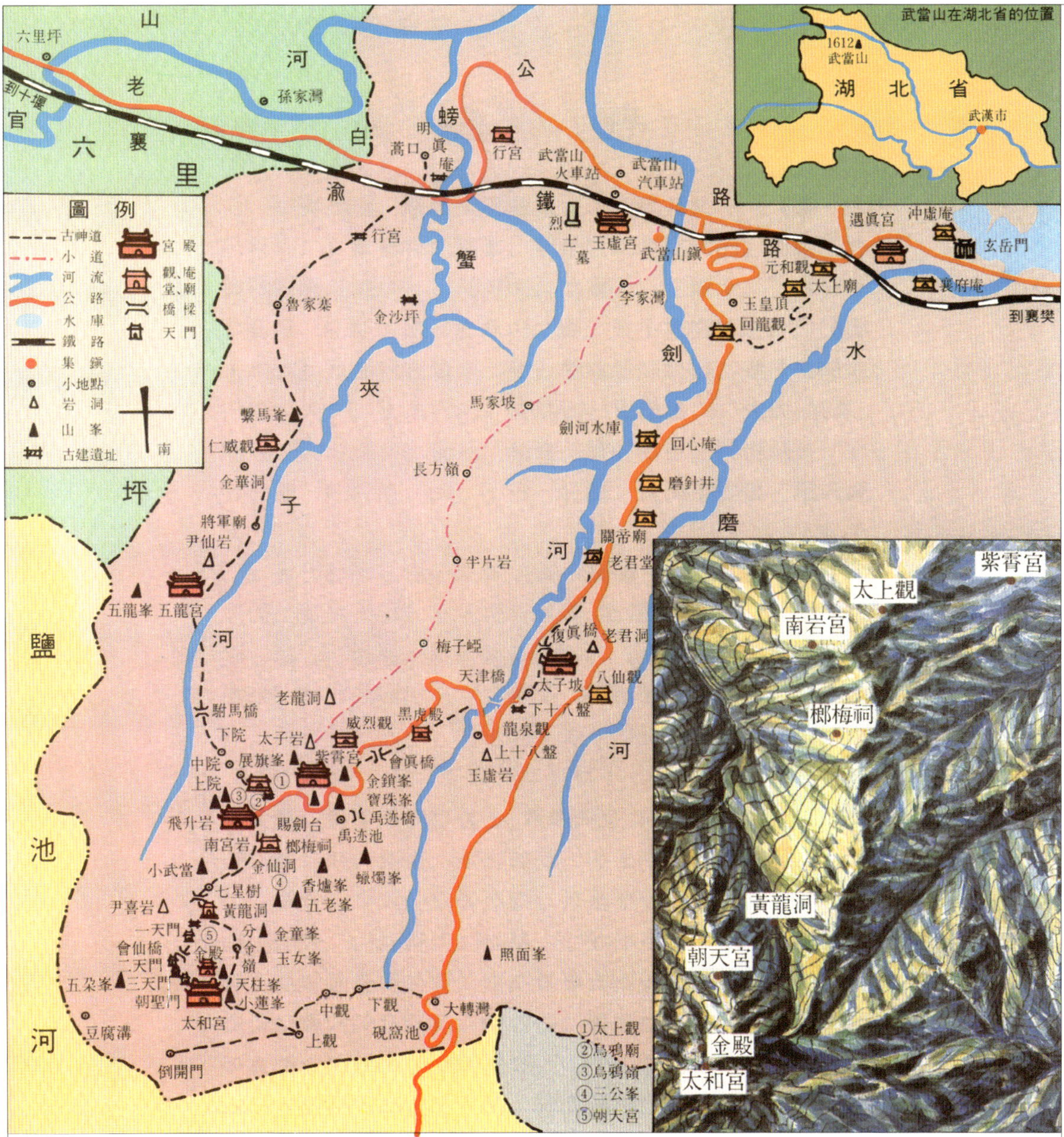

武當山略圖

武當山，位於湖北省西北部、漢江南岸，其主峯天柱峯海拔一千六百多米，巍然屹立於丹江口市（古均州）境内。武當山原名太和山或參上山，又稱參嶺或仙室，爲道教名山和武當武術發源地。

武當武術，奉張三豐爲祖師，所傳以太極爲主，八卦及其他内家等門亦歸入之。武當山周圍方圓八百餘里，道俗雜居，其後山五龍（山）宮一帶，人迹罕至，習武者則視爲聖境。

由於歷史原因及道家戒律，武當武術多爲單傳，流布不廣，一九四九年後，始陸續整理，公諸於世。現有武當龍門派、武當猶龍派、武當恒山派、武當九宮派、武當七星派、武當功家南派、武當乾坤門、武當白錦門等。隨着今後挖掘工作的進一步深入，武當武術，必將如古樹新蕾，遍開於祖國百花園内。

總　序

中華民族，歷來文武并重，“乃武乃文”（《書·大禹謨》）。最初建立國家，都是以武來完成的。周武王於牧野誓師，號令：“稱爾戈，比爾干，立爾矛。”滅掉暴君商紂，立即“歸馬於華山之陽，放牛於桃林之野”。（《書·武成》）春秋宣公十二年，楚敗晉師於邲，楚子明確地指出：“夫文，止戈爲武。”接着進一步指出：“夫武，禁暴、戢兵、保大、定功、安民、和衆、豐財者也。”也就是“武有七德”的説法。武，不可一日廢，但决不提倡“耀武觀兵”。

古代教學，也是文武并重。《周禮·地官司徒·保氏》：“保氏掌諫王惡；而養國子以道，乃教之六藝。”其中“射”與“御”，即着眼於培育國防人才。《文獻通考·選舉考·武舉》：“漢興，六郡良家子，選給羽林期門，以材力爲官，名將多出焉。”《事物紀原·學校貢舉部·武舉》：“《唐會要》曰：‘長安三年正月十七日，詔天下諸州，宣教武藝，每年準明經進士，貢舉例送，此武舉之始也。’”漢、唐以後，歷代相沿。雖有起落，并未中止。

當然，今天的武術運動，只是整個體育事業中的一個組成部分。由於時代的推移，它的作用，應當賦予新的内容。在增强全民體質、提高世界武術運動水平的前提下，挖掘整理傳統套路和鍛煉方法；研討修身養性、攻防技擊等有效成果，以之公諸同好，作他山之助。

本叢書基於上述目的，分輯陸續出版。舉凡各門派有代表性之拳、械具鮮明特色者，兼收并蓄，百花齊放，四海一家，無分軒輊。

“天行健，君子以自强不息。”願八方風動，我武維揚。

《中華武術大觀》編委會

目　　録

前　言

收集在本書中的三種套路，都屬於往昔秘傳的武當武術。《武當太乙火龍掌》與《武當太乙八卦雙刀》，由老武術家吕紫劍親自演練；《武當太乙八卦鷄爪钺》，則由其孫女吕舜華演練。

《武當太乙火龍掌》，剛柔相濟，慢速隨心，旋轉起伏，若龍之夭矯舒卷，首尾互應，變化莫測，既能煉性怡神，亦可防身自衛。

《武當太乙八卦雙刀》，所用兵刃，係九環闊葉，爲本門傳統優秀器械。在全身放鬆，氣沉丹田的原則下，運用三體樁勢功架，弧形圈走，屈膝蹚泥，盤頭護頸，擰腕纏腰，迴旋緊裹，左右攻防，剛柔吞吐，遮前擋後，陰陽開合，渾元一體。

《武當太乙八卦鷄爪钺》，則爲本門獨有器械。柔中寓剛，結構嚴謹，在弧形圈動中，變化多端。格挑勾帶，提攔掛刺，攻防相濟，實戰性强，極合青少年研習。

吕紫劍老師，現年九十三歲，祖居湖北宜昌，父吕大才，擅湖南辰州鷂子拳械，人稱“鷂子吕”，與武當山紫霄宫道總徐本善友善，常相過從，徐爲道家龍門派第十五代宗師。紫劍老師幼年，拜徐爲師，每於夏季，隨父上山習武，積時共計一年。後又從李大江、江英、李長葉等武林耆宿學藝，畢生練武行醫，桃李遍國内外。這三種套路雖然曾經在全國及各省市作過多次表演，并且獲得雄師獎章及金牌多枚，但仍然未曾見諸文字。現本書首次將其整理出來，并配上演練的連環照片，以供愛好者研習。

古都子

武當山　紫霄派傳人表

第一代　玄通真人王復陽

第二代　乾乙真人徐本善　長葉真人李本清

第三代　紫霄派掌門人長江大俠吕紫劍

第四代　吕劍青　吕劍萍　王清華　李道敏　高劍武　熊乃廉

莊連生　錢興勇　趙通强　劉義明　吴成萬　王東升

彭長貴　席德模　譚本倫　陸國柱　胡廣發　李永强

滿德臣　鐵木耳　夏龍斌　莫文丹　傅咬齊　仲普生

劉俊揚　傅永生　劉增民　金紀安　劉金民　謝劍軍

高勝夫　唐元金　顧劍鶴　鄭六平　黄劍亭　杜劍文

第五代　吕舜華　吕震奇　吕松亭　王家駿　熊佐愚　潘曉麗

鄭慶芳　林建春　林强豐　祝學强　王發祥　高　平

孫慶華　温　健　彭健民　李操國　白　杰　葉明輝

王俠靈　徐　駿　曾　敬

一　武當太乙火龍掌

武當太乙火龍掌譜

1. 起式
2. 海底垂針
3. 仙人照鏡
4. 旋風轉塔
5. 白猿攀枝
6. 黑熊反背
7. 餓虎撲食
8. 黑虎掏心
9. 順風扯旗
10. 金鷄獨立
11. 羽士降龍
12. 玉女抱瓶
13. 平沙落雁
14. 二郎推山
15. 雲手三現
16. 羽士伏虎
17. 玉女敲鐘
18. 海底探珠
19. 兔兒蹬窩
20. 真君斬蛟
21. 勒馬回頭
22. 懷中抱月
23. 雄鷹展翅
24. 鷂子束身
25. 迎風雙帚
26. 五音擺蓮
27. 仙人照鏡
28. 收式

武當太乙火龍掌動作圖解

行拳前澄心息慮，鬆静自如，渾然無象。演練時，眼神基本上隨手運轉，身體面南背北。

1. 起式

左足向左平開齊肩，兩臂下垂，懸頂順項[①]，舌抵上腭，平目前視，含胸拔背[②]，提肛斂臀[③]。（圖 1）

2. 海底垂針

兩膝微屈下蹲，兩臂於身前上提，左臂略低於肩，右臂稍高於肩，均俯掌。（圖 2）

腰向右後微擰，左掌翻腕上托成仰掌，右臂借勢上提向外旋腕，掌心向前，拇指向下。此時身面微向西南。（圖 3）

開左足向前成左弓步，腰向左後微擰，左臂上挑擺腕置左耳側，掌心向體，指尖向上；右臂借勢摇肩向左膝前斜插，掌心向左，指尖向下；目視右手。此時身面向南。（圖 4）

3. 仙人照鏡

身向右微擰，左掌順勢微伸，右臂於體前自下而上繞一小圈貼於右上肋，掌背貼體，掌心向外。此時身面微向西南。（圖 5）

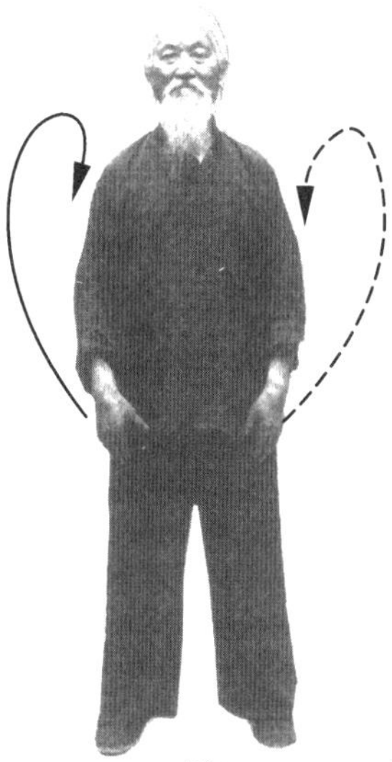
圖1

圖2

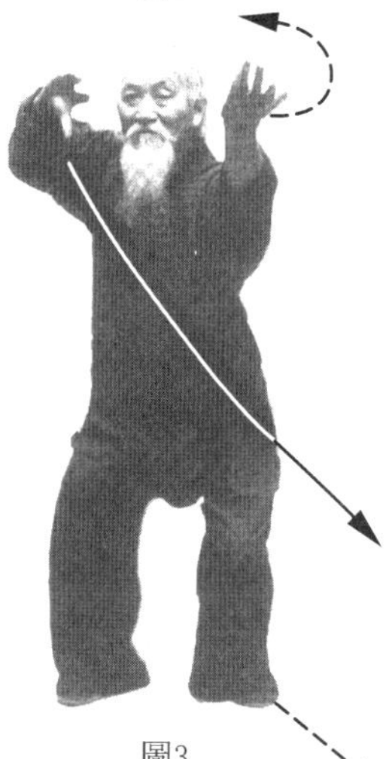
圖3

圖4

左臂向外翻腕置左耳外側，掌心向前，指尖斜向上，下坐成右仆步；右臂順右腿下插，掌心斜向上，指尖向右。此時身向西，面向西北。（圖 6）

起身變右弓步，身面均向西北，右臂隨即於右側弧形前抹，掌心向下，指尖向前，左臂落於左腰側。（圖 7）

收左腿起身向西北伸出成虛步，左臂於體前自左而下而右而上繞圈前伸，屈肘置於體前，掌心向體，指尖向上；右臂翻腕成仰掌托左肘落於右腰側，掌心向上，指尖向前；目視左掌。此時身面均向西北。（圖 8）

注：

①"懸頂順項"："懸頂"是好像有懸綫把頭部提起，或是頭部向上頂起之意，就是要使頭部平正而不傾斜。"順項"是下頦略向裏收回，頸部鬆直自然而不僵硬。做好"懸頂順項"，精神自然提起，身體自然輕鬆靈活。

②"含胸拔背"：胸部和背部肌肉在向上伸展的時候，胸不外挺，也不內縮，順其自然放鬆，毫不緊張，這時胸部自然內含，背部自然微微拔起（鼓起）。

③"提肛斂臀"："提肛"是微微用意把肛門向上提，像忍大便似的。"斂臀"是把臀部內收，即垂臀而不凸出來，也不左右擺動。

做好"含胸拔背"和"提肛斂臀"，周身自然鬆靜協調，重心穩定，呼吸暢順，精神輕快，這時練拳自然易於身心合一和收到較好的效果。

圖5

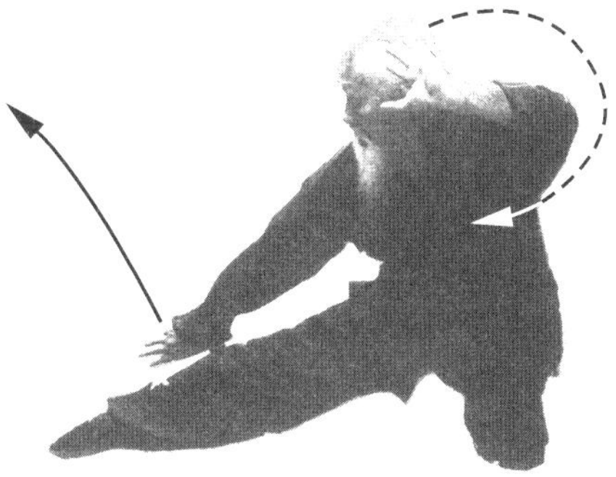

圖6

圖7

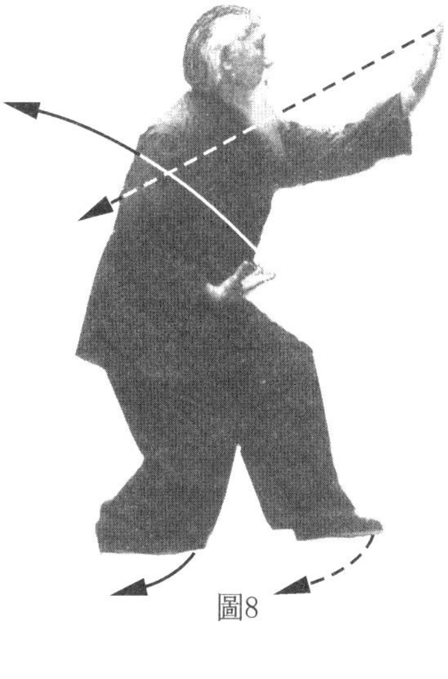

圖8

4. 旋風轉塔

扣左脚,右掌托左肘向右轉身成馬步,此時左掌移至右肘彎上;右臂屈肘前伸,均爲仰掌。此時身面向東北。(圖 9)

上式不停轉右成交叉步向右劈掌,右掌掌心向下,指尖向前,左掌置右腋内側,掌心向右,指尖向上,目視右掌。此時身向南,面向西南。(圖 10)

5. 白猿攀枝

右腿上半步,左腿擦地跟進,右臂腕内旋前抓,左腿上步,左臂旋腕前抓,右腿再上步,右臂旋腕前抓。此時身面均向南。(圖 11)

6. 黑熊反背

右臂翻成仰掌自腦後過頂架於額前,掌心向外,拇指向下,左掌貼於右腋外側,掌心向外,指尖向上,身起向左微轉。此時身面向東南。(圖 12)

圖9

圖10

圖11

圖12

右脚向後退一大步，續轉身至起式方向，兩腿成馬步，兩臂下落，平胸雙進肘，俯掌，左掌覆於右掌上，目視左肘。此時面南背北。(圖 13)

7. 餓虎撲食

兩手翻成仰掌，擰腰左僕，坐右腿半弓半馬，兩手再翻掌，左手在前，右手略後，掌心均向下，指尖向前，目前視。此時身面向東南。(圖 14)

8. 黑虎掏心

轉左脚跟，起右腿前踢，此時身面仍向東南。(圖 15)

右腿落地成馬步，左臂屈肘旋腕，架於額前，掌心向外，指尖斜向右，右臂立掌前擊，目視右掌。此時身向東南，面偏南。(圖 16)

圖13

圖14

圖15

圖16

9. 順風扯旗

反身向後成左弓步，左臂順勢自下而上屈肘翻腕架於頂前，掌心向外，指尖向右；右臂隨之屈肘前擊，掌心向前，指尖向上；目前視。此時身面向東北。（圖 17）

轉左脚跟，上右腿成右弓步，右臂翻架於頂前，左臂隨之屈肘前擊。此時身面仍向東北。（圖 18）

10. 金鷄獨立

右臂腕内旋弧形下降於體前成立掌，掌心向體，指尖向上，左腿前移成虛步，左掌在右肘下。此時身面仍向東北。（圖 19）

起左腿成獨立步，右臂腕外旋翻架於頂前，掌心斜向上，指尖斜向左，左臂順勢後摟，掌心斜向上，指尖斜向後，目前視。此時身面仍向東北。（圖 20）

圖17

圖18

圖19

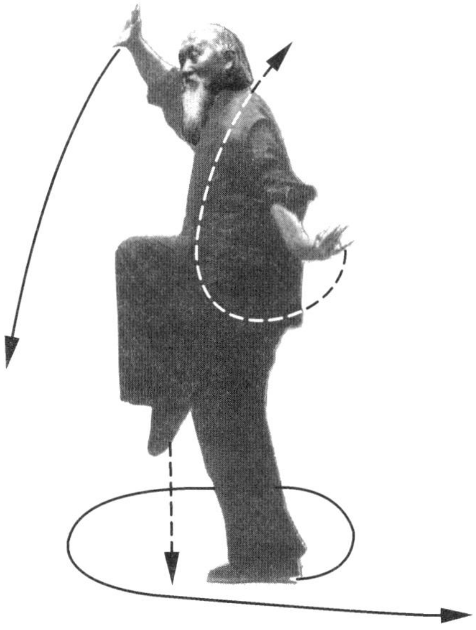

圖20

11. 羽士降龍

落左腿,右腿前掃半圈,兩手向右平捋。隨即右腿向後回撑成左弓步,左臂腕外旋平肩屈肘置於左側,掌心向前,指尖向體,右臂於體前下按。此時身面仍向東北。(圖 21)

12. 玉女抱瓶

右腿前伸成交叉步,右臂與左臂環抱於胸前,左上右下,左俯右仰。此時身面仍向東北。(圖 22)

向右走一圓圈。回至原處,此時身面仍向東北。(圖 23)

回至原方向時,成右弓步,兩掌斜行,分向前後出擊,前高後低,前仰後俯。此時身面仍向東北。(圖 24)

圖21

圖22

圖23

圖24

左腿前伸成交叉步，左臂與右臂環抱於胸前，右上左下，右俯左仰。此時身面向東北。（圖 25）

向左走一圓圈。回至原處，此時身面仍向東北。（圖 26）

回至原方向時，成左弓步，兩掌斜行，分向前後出擊，前高後低，前仰後俯。此時身面仍向東北。（圖 27）

13. 平沙落雁

右腿上半步內扣，右臂穿掌置於頂上，掌心向前，指尖向左，左臂屈肘仰掌置於腰側。此時身面仍向東北。（圖 28）

圖25

圖26

圖27

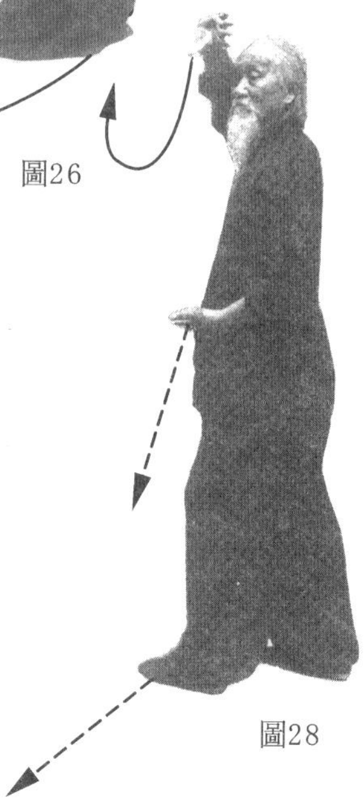

圖28

左腿向左平開，成右弓步，左臂順勢下按；右臂屈肘立掌弧形置於頭之右側，掌心向前，指尖向上。此時身面向東。（圖 29）

隨即轉身下蹲成左仆步，左掌上挑，右腿起身轉脚跟再轉身成左弓步，右臂順勢下按，左臂屈肘立掌弧形置於頭之左側，掌心向前，指尖向上。此時身面向西北。（圖 30）

14. 二郎推山

隨即轉身下蹲成右仆步，起左腿成獨立步，兩掌分向左膝兩側下摟，落左腿上右腿成右弓步，弧形翻腕前推。目視前方。此時身面向東南。（圖 31）

15. 雲手三現

向左回身，上左步雲手，左臂掌心向體，指尖向上，右臂屈肘托掌貼於右腰側。此時身面向西北。（圖 32）

圖29

圖30

圖31

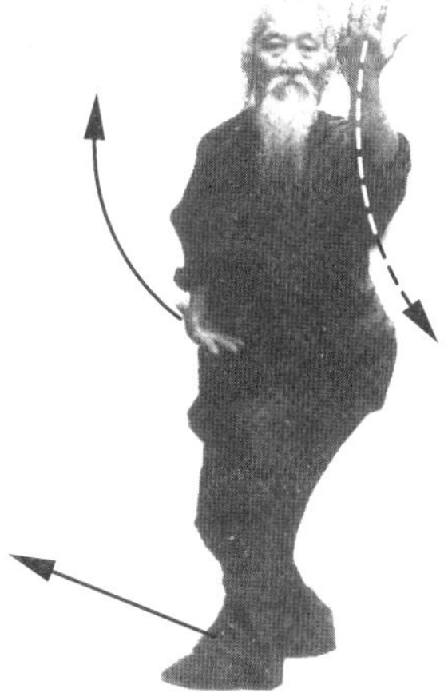

圖32

上右步雲手，右臂掌心向體，指尖向上，左臂屈肘托掌貼於左腰側。此時身面向東。（圖 33）

上左步雲手，左臂掌心向體，指尖向上，右臂屈肘托掌貼於右腰側。此時身面向北。（圖 34）

16. 羽士伏虎

上右步交叉下蹲，左掌反掌前劈，兩臂交叉環抱於胸前，左內右外，右臂屈肘按掌落於右腰側，左臂低於肩斜行下劈，掌心斜向外，指尖斜向上，目視左掌。此時身面仍向北。（圖 35）

17. 玉女敲錘

上西北方左步，右臂反背拳前擊，拳心向體，拳眼向右，左掌落右腋下側，掌心斜向右，指尖斜向上，目視右拳。此時身面向西北。（圖 36）

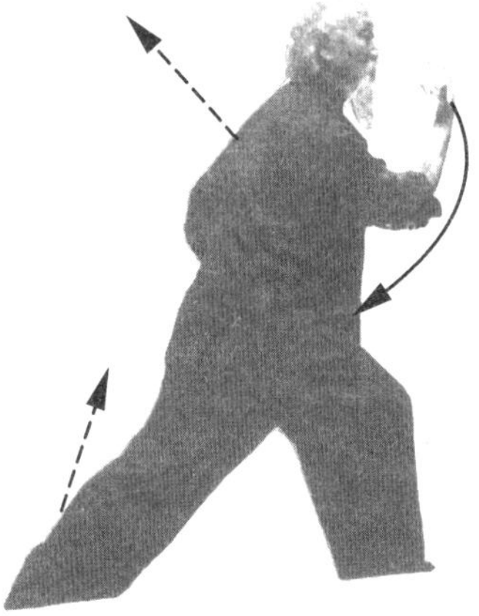

圖33

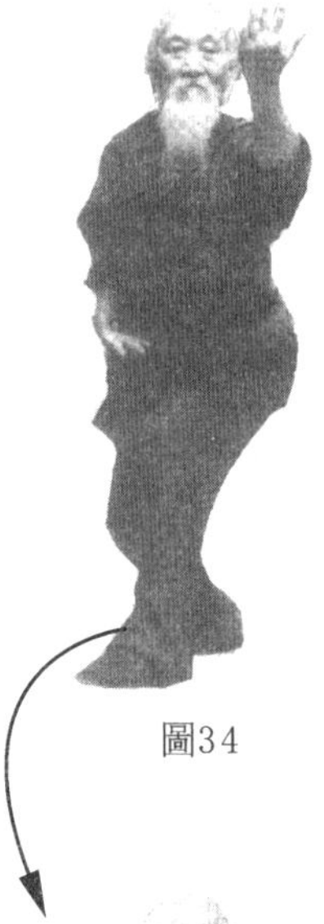

圖34

圖35

圖36

18. 海底探珠

上右步，再上左步，右腿跟進，并步下蹲，躬身以右掌向前下方插掌，掌心向體，指尖向下，左掌以掌心貼右小臂上方，目視右掌。此時身面向西北。（圖 37）

19. 兔兒蹬窩

向右回身，兩手扶左腿微蹲。此時身面均向北。（圖 38）

起右腿前蹬，兩手分貼左胯上方，掌心向體，目前視。此時身面均向北。（圖 39）

20. 真君斬蛟

落右腿半弓半馬，右掌上格，掌心向左，指尖向上，左掌斜按於右肋前；掌心斜向右，指尖斜向上。此時身面向北。（圖 40）

圖37

圖38

圖39

圖40

體後坐左腿，成右虛步，左臂屈肘於左耳外側上挑，掌心向體，指尖向後；右臂於體前斜行下劈，掌心向下，指尖向前；目視右掌。此時身面向北。（圖 41）

21. 勒馬回頭

向右旋身扭步交叉，左臂自左而下而上，掌心向體，弧形繞至左側上方，掌心向前，指尖向上，右臂翻腕外旋下垂至體右側，掌心向前，指尖向下。此時身面均轉向東。（圖 42）

右腿向右弧形走半圈成馬步，左掌弧形下降於小腹前成按掌，掌心向下，指尖向右；右掌借勢上提，臂成弧形按於右側，掌心斜向後，指尖斜向前，擺頭左顧。此時身面均向東。（圖 43）

22. 懷中抱月

身右旋成右弓步，右臂弧形前攬，平肩，掌心向左，拇指向上，左掌仍按於小腹前，目視右掌。此時身面向東南。（圖 44）

圖41

圖42

圖43

圖44

23. 雄鷹展翅

回身成左弓步，兩掌斜交於體前，均俯掌，左上右下，指尖分向左右。此時身面轉向北。（圖 45）

右腿向前平踢，兩手向左側斜撥，掌心向後，指尖斜向下。此時身面仍向北。（圖 46）

右腿落地，向左轉身成馬步，兩臂左右平肩撐出，掌心向下，指尖向前，目視右掌。此時身面轉向西北。（圖 47）

24. 鷂子束身

左腿向身後斜插成交叉步，兩臂環抱於胸前，左上右下，掌心向上，指尖分向左右，目視左掌。此時身面向西。（圖 48）

圖45

圖46

圖47

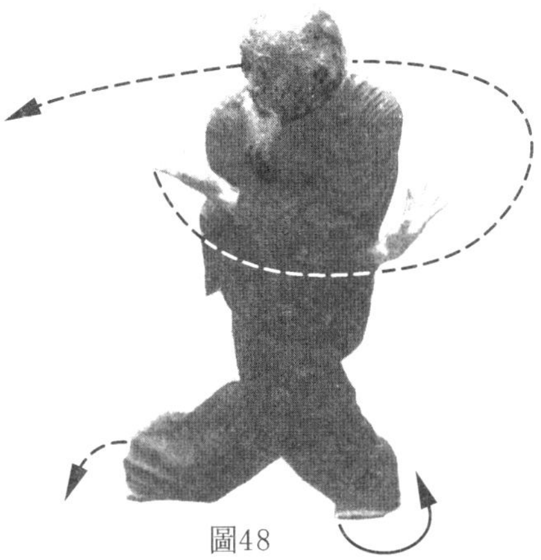

圖48

25. 迎風雙帚

向左轉身成半弓半馬步，左掌前劈，掌心向前，指尖向上；右掌肘微屈置右後側，掌心向前，指尖向下。此時身面向南。（圖 49）

右腿蹬直成左弓步，左掌成仰掌回落於左腰側，右掌前劈，掌心向前，指尖向上，目視右掌。此時身面轉向東南。（圖 50）

26. 五音擺蓮

原式不動，右掌拍左乳上方。此時身面仍向東南。（圖 51）

左轉起右腿，左掌拍右脚心，右臂下垂於體右側。此時身面向東。（圖 52）

圖49

圖50

圖51

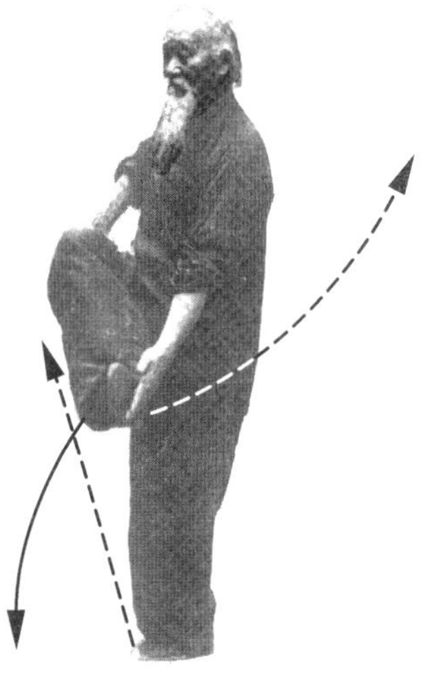

圖52

落右腿，左腿後起，右掌拍左脚心，左臂高於肩向左平伸，掌心向前，指尖斜向上。此時身面仍向東。（圖 53）

左脚向左平落一大步，兩臂向右平擺，掌心向後，指尖斜右。此時身面仍向東。（圖 54）

起右腿雙擺蓮，身面仍向東。（圖 55）

右脚落地成右弓步，右臂翻架於右上方，臂圓，掌心向前，指尖向左，左臂腕内旋貼於體側，掌心向上，指尖向下，目前視。身面轉向東南。（圖 56）

圖53

圖54

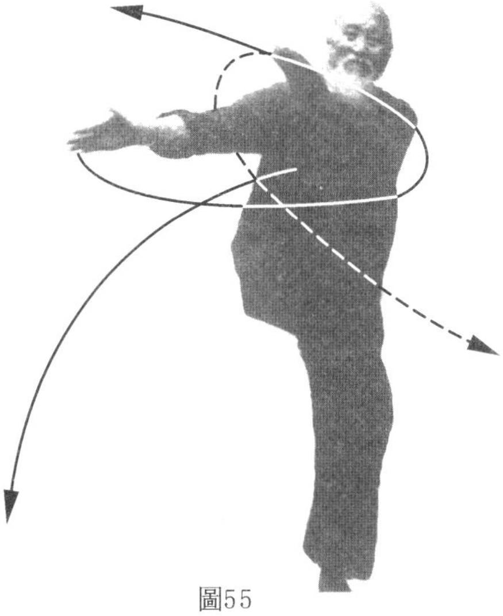
圖55

圖56

27. 仙人照鏡

起身左腿移於右腿前，兩膝微屈，身後坐，左臂移置小腹前，掌心向上，指尖向右，右臂弧形置於右上方，掌心向前，指尖向上。此時身面仍向東南。（圖57）

左脚以跟爲軸，脚尖轉向左側，左臂腕内旋上提於體中綫反背掌出擊，肘微屈成弧形，掌心向體，指尖向上，右臂旋腕成仰掌托左肘落於右腰側；掌心向上，指尖向前，目視左掌。此時身面均向東北。（圖58）

28. 收式

左腿向右横擺成交叉步，右臂穿左臂下環抱於胸前，掌心斜向上，指尖分向左右。此時身面轉向東。（圖59）

向右轉至原方向，左腿平開齊肩，兩掌下落，分向兩側各繞一圈，下按於兩腿前，掌心向下，指尖斜向左右，擺頭左顧。此時身面轉至南方，即原方向面南背北。（圖60）

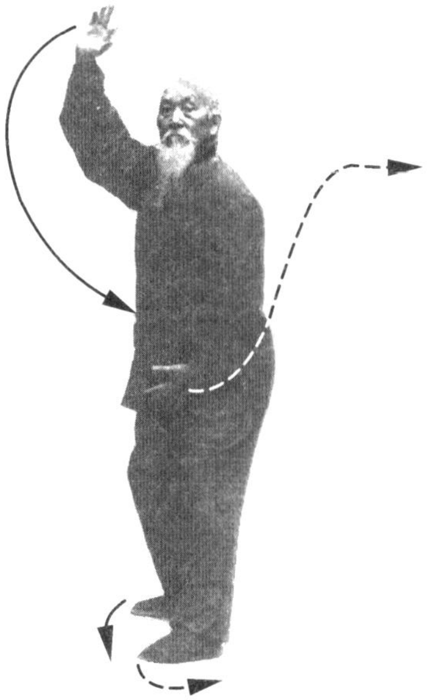

圖57

圖58

圖59

圖60

兩手下垂，頭還原如起式。（圖 61）

圖61

二　武當太乙八卦雙刀

武當太乙八卦雙刀譜

1. 日月雙輝
2. 雄雕撲食
3. 老君騎牛
4. 白鶴亮翅
5. 真武揮鞭
6. 旋風轉塔
7. 三豐背藥
8. 羽士斬蛟
9. 道童推車
10. 漫天花雨
11. 魁星點斗
12. 樵子擔柴
13. 天師打卦
14. 流星趕月
15. 瑤姬斷石
16. 錦鷄撒膀
17. 靈猫捕鼠
18. 平沙落雁
19. 仙人擺渡
20. 坐山伏虎
21. 四面風火
22. 托梁架柱
23. 打馬揚刀
24. 果老騎驢
25. 哪吒探海
26. 雲帚分掃
27. 玉女撲蝶
28. 撲地分金
29. 老漢推門
30. 坐馬觀陣
31. 白雲繞岫
32. 回馬斬將
33. 解纜揚帆
34. 提刀收式

武當太乙八卦雙刀動作圖解

演練之前，澄心息慮，鬆静自如。渾然無象。演練時，眼神基本上隨刀式運轉，面南背北。雙手握刀直立，雙足并攏，刀鋒下垂。（圖 1）

1. 日月雙輝

雙臂分向左右前伸向上，臂微曲成弧形，刀架於身後，柄向前，刃向上，目平視。（圖 2）

起右脚向右走圈（八步）一周，回原位時左脚上前半步成馬步；雙臂前落，屈肘扣腕，手稍高於肩，刀斜架於臂彎上側，刀鋒下指；目平視。（圖 3）

收足并步直立，雙臂前伸，雙手平乳，刀隨之前推，刀鋒向上，目視雙刀第五環約一分鐘。此時方向仍爲面南背北。（圖 4）

圖1

圖2

圖3

圖4

2. 雄雕撲食

雙刀於體前交叉，分向左右往後上挑，左臂在前，右臂貼身，刀背緊靠肩胛後，刀鋒斜向上，出左腿成虛步，目前視。（圖 5）

雙手分向後屈肘提刀，刀與前腿平行斜指，刀背向上，刀鋒向前，目前視。（圖 6）

右足上前成弓步，雙手旋腕，掄刀下劈，目視刀鋒，起左足向左走圈（八步）一周，最後回原位時右足前弓。身體仍面南背北。（圖 7）

3. 老君騎牛

身左轉向東南方，成馬步，雙刀十字交叉下壓，左內右外，左臂曲，右臂伸，刀偏置右腿前，目前視。（圖 8）

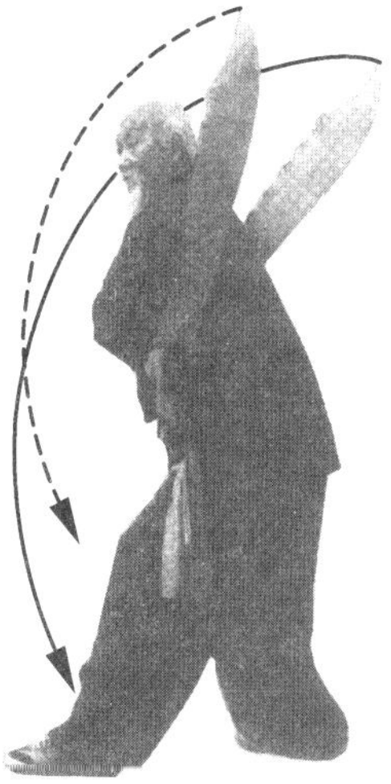

圖5

圖6

圖7

圖8

轉左足跟，動右腿向左（東北方）上步，左刀上挑，平架於腦後，左臂微曲，腕與肩平，刀刃向上，刀鋒向右；右刀翻腕平斬，護於腹前，刀刃向下，刀鋒向左，右臂曲，腕與臍平，雙刀平行；目視右刀。（圖 9）

雙刀向左後弧形擺動，落於腹前，目隨之左顧而後擰腰回身右盼，右刀平刀斜上指，刀刃向左，刀鋒向前；左刀斜置左側，刀背向上，刀鋒向後；雙刀若鳥之雙翼，起左足向左走圈（八步）一周。回原位時復上右足，身向東北。（圖 10）

4. 白鶴亮翅

起右足向右走圈（八步）一周，行進中雙臂平舉略曲，雙刀刀背緊架肩後，刀刃向上，刀鋒分向左右。走圈，回原位時上左足成虛步。身向東北。（圖 11）

左腿後撤成雙弓步，右刀自右而下而左而上於身前環繞一周，護頭落於胸前，刀刃斜向外，刀鋒向左；左刀順勢下沉，落於左膝前左側，刀刃斜向外，刀鋒向左；目左下視。身向東北。（圖 12）

圖9

圖10

圖11

圖12

上右腿半步向左（西北方）轉身成馬步，左刀順勢向右肋斜上挑，刀刃斜向下，刀鋒斜向上；右刀平抬，刀刃向外，刀鋒向前平刺；目視前方，起左足向左走圈（八步）一周，回原位復成馬步，身向西北。（圖 13）

5. 真武揮鞭

轉右足跟向前（北方）上左腿後坐右腿成虛步，右刀翻腕於右前方向上平架，刀刃向上，刀鋒向前，目前視。（圖 14）

身左轉向西北，提左腿成獨立步，右臂向右斜上舉提刀，刀刃斜向右，刀鋒斜向下，左刀不動，目平視。（圖 15）

落左腿向左（西方）成弓步，左刀翻架於頭頂前，刀刃斜向上，刀鋒斜向右；右刀於身前下劈，刀刃斜向下，刀鋒前指；目視刀鋒。（圖 16）

圖13

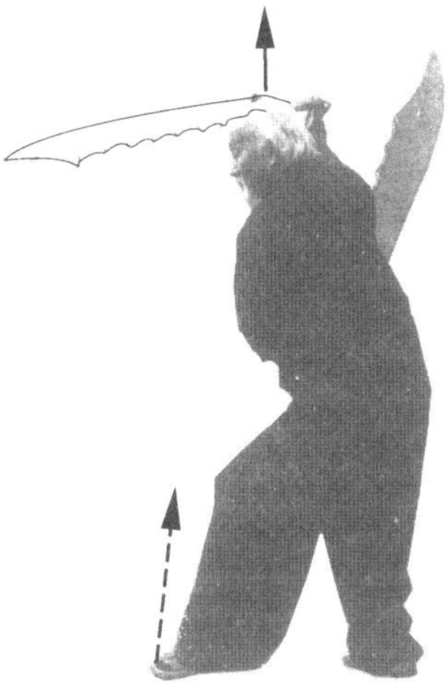
圖14

圖15

圖16

6. 旋風轉塔

收右腿起立，身面向西，右刀抽回高垂，刀背斜貼左後背，刀鋒斜向下；左刀下落向右肋斜上挑，刀背貼體，刀鋒斜向上；目前視。（圖 17）

向前上右腿成交叉步，身面仍向西，右刀護頭蓋頂，刀背貼左肩下落，斜置左腋後，刀刃向外，刀鋒向上；左刀順勢下沉，刀刃斜向外，刀鋒斜向下；目前視。（圖 18）

迅即向左（南方）轉身成馬步，雙刀於體前分向左右斜向上，雙手交叉，右前左後，刀背斜向上，刀鋒分指左右，目前視。（圖 19）

7. 三豐背藥

左腿前移，身面向南成交叉步，身下坐，雙刀上立，刀刃分向左右，刀鋒向上，目前視。（圖 20）

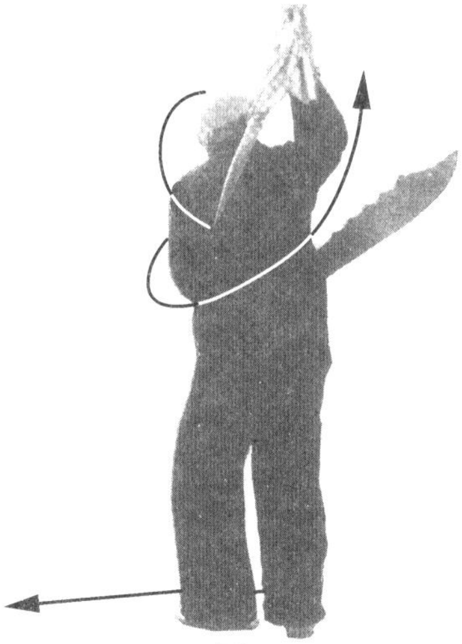
圖17

圖18

圖19

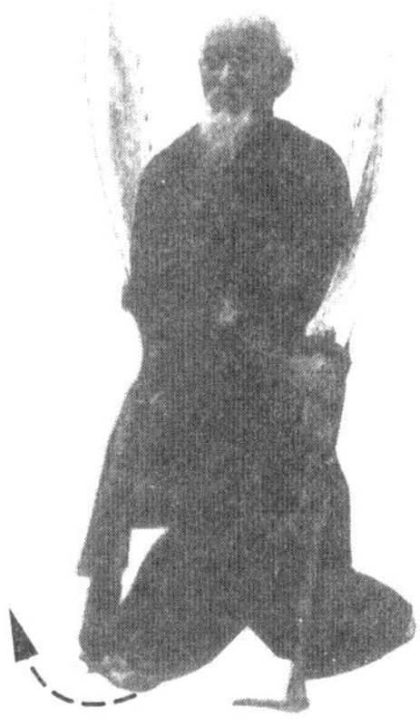
圖20

向右(西方)轉身，成馬步，身前傾，雙刀抽出挽花，背架十字，刀之一面貼體，左內右外，刀背斜向上，刀鋒分指左右，目右盼。(圖 21)

向右(北方)轉身，成交叉步，雙刀挽花，十字交叉，分架於體右腹前，左內右外，右臂直，斜下垂，左臂曲，斜上抬，刀刃斜向下，刀鋒分向左右，目前視，起左足向左走圈(八步)一周，回原位時仍爲右腿在前的交叉步。(圖 22)

8. 羽士斬蛟

向左(西南方)轉身成左虛步，左刀向左前平劈，刀刃向下，刀鋒向前；右刀後擺，刀刃斜向下，刀鋒向後；目前視。(圖 23)

上右腿向左(東南方)轉身成半弓半馬步，左刀貼右肋上挑，刀刃斜向後，刀鋒斜向上；右刀上舉，架於腦後，刀刃斜向上，刀鋒斜向下；目前視。(圖 24)

圖21

圖22

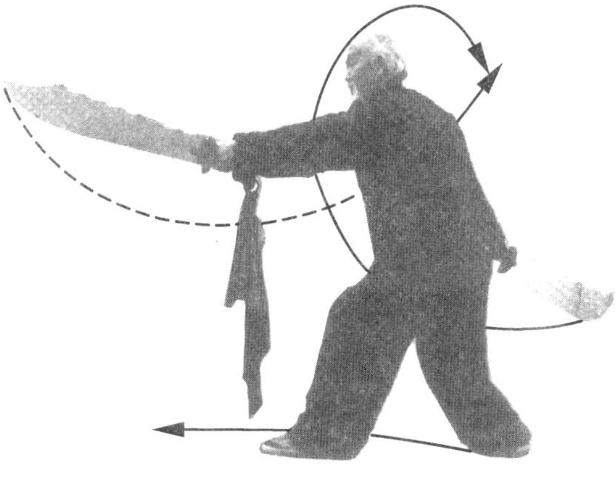
圖23

圖24

身向左（東方）轉正，成高馬步，左刀前撩，迅即斜垂，刀刃向外，刀鋒向下；右刀向前下劈，迅即向左肋後挑，刀刃斜向後，刀鋒斜向上；目前視。（圖 25）

隨即雙臂左右後伸，雙刀平行斜置體之兩側；刀背斜向上，刀鋒向前；目視刀鋒前方。（圖 27）

9. 道童推車

向左（東北）轉身，雙刀下沉，目平視。（圖 26）

雙刀平架於體前，刀鋒相對，刀背向體，刀鋒向外，目視刀鋒相對處，起右足向右走圈（八步）一周，回原位時左足前伸，半弓半馬。身面向東北。（圖 28）

圖25

圖26

圖27

圖28

10. 漫天花雨

向右（東南方）上右腿成高虛步，左刀高舉，刀刃斜向上，刀鋒向後；右刀左擺，護左脇；目前視。（圖 29）

身左轉向東北方，雙刀輪旋，左刀上提護胸，右刀隨之下掃，刀背均斜向上；刀鋒均下指，目平視。（圖 30）

向前上右腿向左（西北方）轉身，雙刀隨之於體前劃一大圈，刀鋒下指，刀背斜向上，轉頸回視右刀尖。（圖 31）

11. 魁星點斗

收左腿屈膝與右腿并步，足尖點地，身半面左轉向西，右刀舉臂向前刺，刀略斜垂，刀刃向上；左刀斜貼右腋，刀背向前，刀鋒向上；目前視。（圖 32）

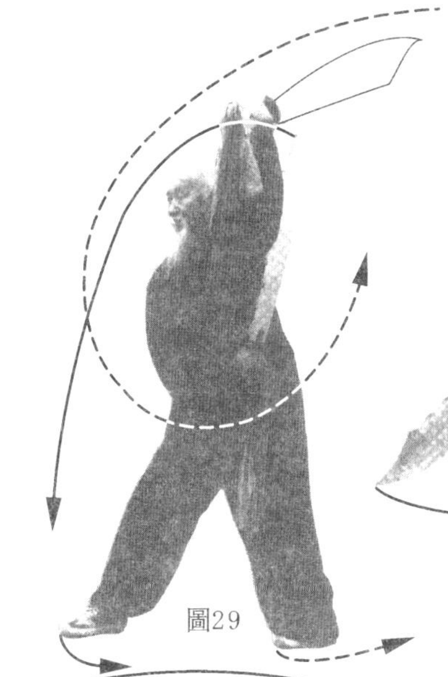
圖29

圖30

圖31

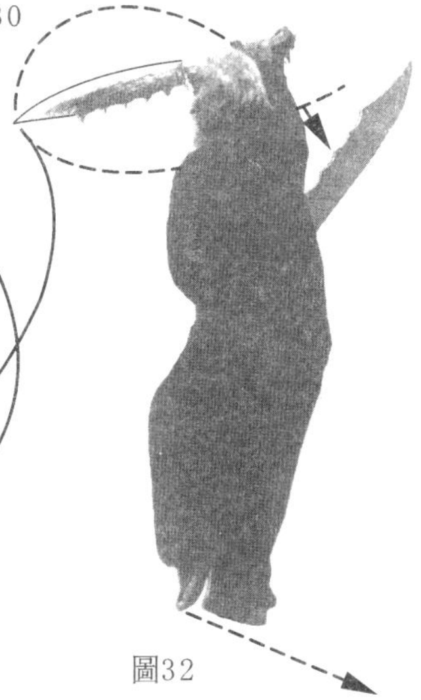
圖32

續向左轉身，後撤左腿，再向南方上右腿成交叉步，雙刀輪旋，左刀平架於腦後，刀刃向上，刀鋒向後；右刀平橫於體前，刀背向上，刀鋒向左，雙刀平行；目平視。（圖 33）

向前上左腿成高馬步，左刀於左膝前下劈，刀背向上，刀鋒向前；右刀斜高舉，刀背向下，刀鋒向上；目左顧。身仍向南方。（圖 34）

12. 樵子擔柴

向左（東方）轉身，右膝微屈呈跪狀，左刀不動，右刀下劈，雙刀平行，目右盼。（圖 35）

左足外撇前移小半步，右膝前穿，身後坐，臀部落於右足跟上，雙刀挽花交叉後穿，刀背分貼兩肋，刀鋒向後，雙臂右前左後，目前視。此時身仍向東。（圖 36）

圖33

圖34

圖35

圖36

上左足，身右轉（向南方），成馬步，雙臂左右分張，雙刀架於兩肩，刀刃向上，刀鋒相對，目視右刀柄。（圖 37）

起身向前（東南方）上右腿前蓋，成交叉步，雙刀隨之上提，落於右胯外側，正項平視南方。（圖 39）

13. 天師打卦

身前躬，雙刀自腦後向前交叉下壓，右外左內，刀背向上，刀鋒分指左右，目左顧。（圖 38）

起右足向右挪步走圈（八步）一周。走步時雙刀同時分向兩脇交叉斜上刺，右外左內，刀之一面貼體，刀背向前，刀鋒向上，目右盼。走步回原位時上左步，身仍向南方。（圖 40）

圖37

圖38

圖39

圖40

14. 流星趕月

右腿上步，身左轉（向東方），雙刀輪舞後，左刀高舉於左肩後，刀背斜貼肩，刀鋒斜向下；右刀向右後拖帶，刀背向上，刀鋒向左前；目視右刀柄，起左足向左走圈（八步）一周，回原位時（東方）上右步。（圖 41）

再向右走圈一周，行進中左刀倒提於體前，刀柄齊頸，刀背向體，刀鋒向下；右刀下拖，平落於右側身後，刀背向上，刀鋒向後；目微下視。走圈回原位時上左步，身向東。（圖 42）

向右回身左腿後撤（身向南），成高弓步，左刀隨左臂前伸，刀背向下，刀鋒向後，架於肩上；右刀向前劈落後護左肋，刀背貼體，刀鋒向後，刀面平；目前視，向左繞圈一周，回原位時上右步，身向南。（圖 43）

15. 瑤姬斷石

接上式落右足時，即向左（東方）回身，成左弓步，雙刀原姿勢不變，目前視。（圖 44）

圖41

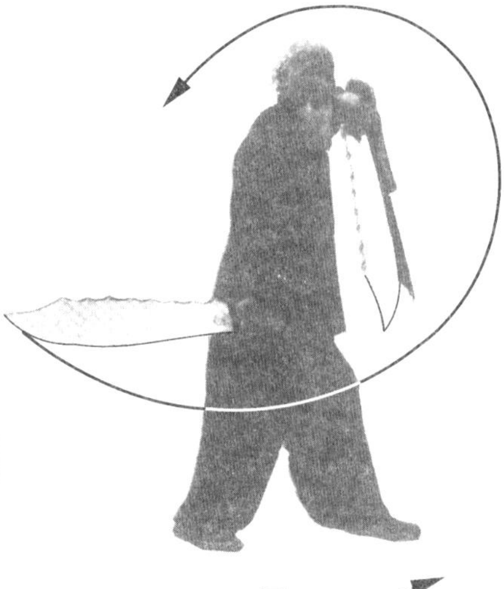

圖42

圖43

圖44

左足外撇前移小半步，右膝前穿，身後坐，臀部落於右足跟上，左刀於左側斜上舉，刀刃向外，刀鋒向上；右刀向下反劈，刀背斜向上，刀鋒指地；目視右刀鋒。（圖 45）

起身成左弓步（身仍向東），雙刀同時分向兩脇交叉斜上刺，右外左內，刀背貼體，刀鋒向上，目前視。（圖 46）

16. 錦鷄撒膀

起右步向右走圈（八步）一周，行進中雙刀舞花，大開大合，目前視，走圈回原位（東方）時上左步，雙刀左右分開，手臂平舉，刀刃斜向外，刀鋒向上。（圖 47、圖 48、圖 49）

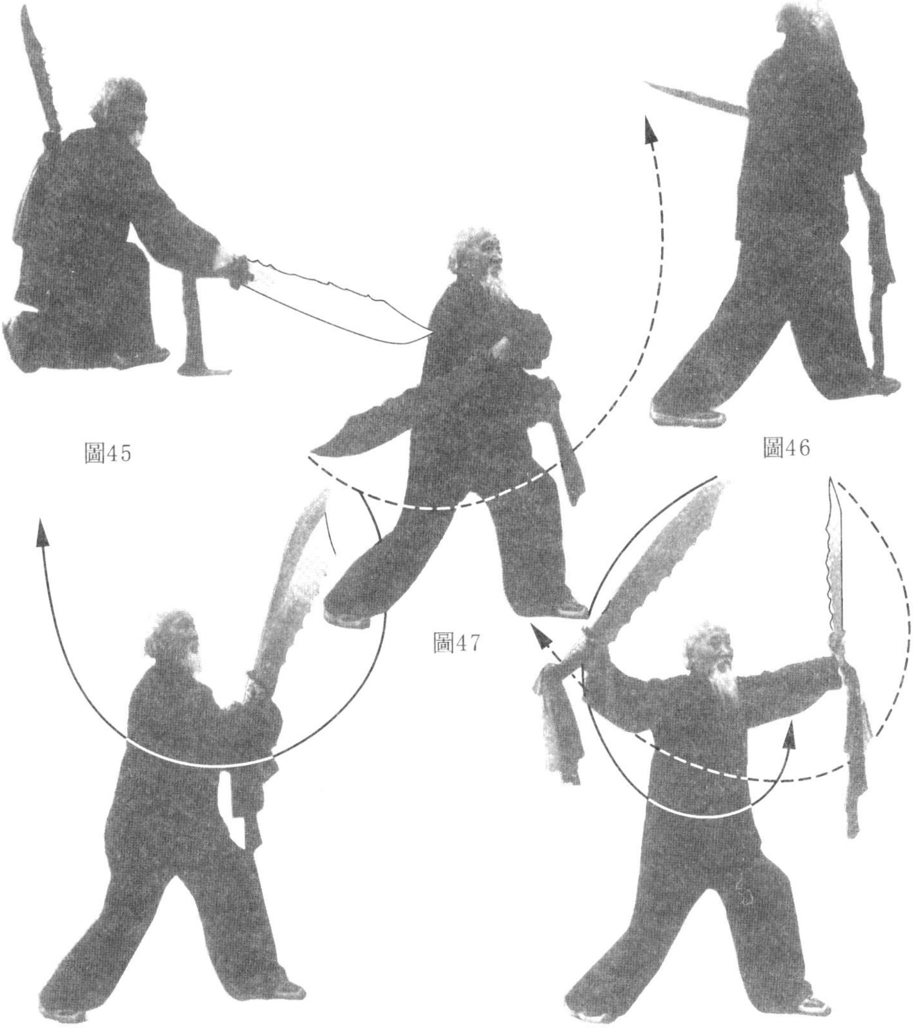

圖45

圖46

圖47

圖48

圖49

17. 靈猫捕鼠

接上式，雙弓步，雙刀同時分向兩肋交叉斜上刺，右外左內，刀之背面貼體，刀刃向前，刀鋒向上，目右盼。（圖 50）

隨之雙刀下劈，刀背向上，刀鋒向前，目右盼。（圖 51）

上右腿并步，身左轉（向北方）起立，雙刀交叉上提，在體前偏右，右上左下，刀背向體，刀鋒分向左右，目左顧。（圖 52）

18. 平沙落雁

向前（北方）上右腿成右弓步，右刀於體前右方上架，刀刃向上，刀鋒向左；左刀貼右脇上挑，刀刃向外斜向後，刀鋒斜向上；目前視。（圖 53）

圖50

圖51

圖52

圖53

身左轉（向西南方）成左弓步，左刀平架於左臂上，刀刃向上，刀鋒向後；右刀向體前斜劈後，以刀背貼於左肋，刀刃向外，刀鋒斜向左後；目前視。（圖 54）

身後坐成左仆步，右刀順勢後拉上提，臂與肩平，刀刃斜向後，刀鋒下指；左刀前劈，迅即後挑，以刀之一面緊貼右臂後肩，刀刃向右，刀鋒向上；目前視。（圖 55）

19. 仙人擺渡

起身上右腿成高虛步（身仍向西南），雙刀同時分向兩臂外側交叉上指，右外左內，刀之一面貼臂，刀背向前，刀鋒向上，目前視。起左足向左走圈（八步）一周，回原位時右足前伸成右虛步，身向西南。（圖 56）

起左足向前落步，停步坐蓮（身向西南），右刀前劈，臂略低於肩，刀背向上，刀鋒前指；左刀斜置左臂上，刀背向下，刀鋒向右，臂與肩平；目視右刀鋒。（圖 57）

圖54

圖55

圖56

圖57

右轉起身（向東方），左刀垂直提於身前正中，刀刃向右，刀鋒下指；右刀斜下垂，刀背向上，刀鋒向下；目右盼。（圖 58）

20. 坐山伏虎

向後（西方）轉身成高虛步，右刀上舉平架，刀刃向上，刀鋒前指；左刀向前劈落後迅即向右肋斜上挑；目前視，起右足向右走圈（八步）一周，回原位時仍爲左虛步，身向西方。（圖 59）

向前（西）上右腿成雙弓步，雙刀前劈，刀背向上，刀鋒向前，目視雙刀鋒。（圖 60）

轉身向東南成左弓步，雙刀同時分向兩脇交叉斜上刺，右外左內，刀背貼體，刀鋒向上，目前視。向右走圈（八步）一周回原位。（圖 61）

圖58

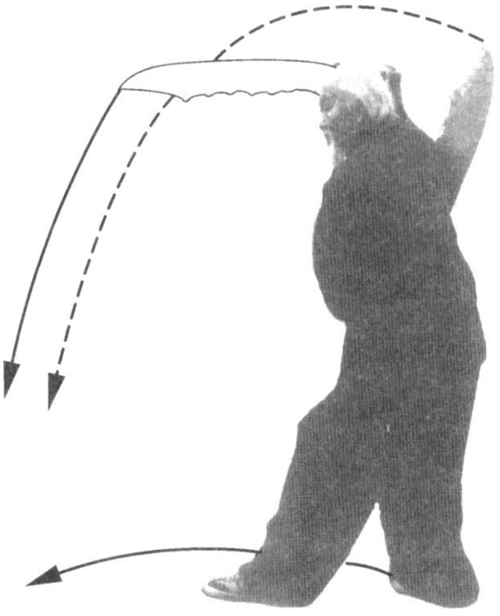

圖59

圖60

圖61

21. 四面風火

接上式，走圈回原位停步時，身轉向南，馬步高樁，雙刀同時轉腕輪舞，目隨刀轉。（圖 62）

雙刀各輪舞五圈後，弓步高樁，左刀緊貼後背，右刀前劈，雙刀平行，刀鋒斜向上；目視前刀。向左走圈（八步）一周，回原位時身仍向南方。（圖 63）

接上式，走圈停步時右腿上，雙手運刀，左提右掩，雙刀平行，刀刃向後，刀鋒分向上下，目前視，身仍向南。（圖 64）

22. 托梁架柱

向前（南）上左步，左手運刀上指，刀刃向前，右手拖刀；刀刃斜向下，目視左刀。（圖 65）

圖62

圖63

圖64

圖65

再向前（南）上右步，弓步雙刀交叉上架，刀刃斜向上，刀鋒分向左右，目視雙刀交叉處。（圖 66）

原式重心前移於右腿，身微沉，左刀後刺緊貼於背，右刀平架頂上，刀刃向上，刀鋒向左，目左顧。（圖 67）

23. 打馬揚刀

扭身向左（東方）成高馬步，右刀向上斜舉，左刀反背下劈，刀與地面平行，目視左刀。（圖 68）

向右（南方）轉身，成弓步高樁，左刀於右肋向後斜起，刀之一面貼背，右刀斜架於頸後，刀刃向上，刀鋒左垂，目平視。向右走圈（八步）一周，回原位時身向南方。（圖 69）

圖66

圖67

圖68

圖69

接上式走圈回原位，落左步時，右刀前劈，刀鋒斜向上，日左顧。（圖 70）

24. 果老騎驢

向前（南）上右腿成弓步，右刀於體前平架，雙刀平行，刀背向體，目前視。（圖 71）

重心左移（向東南）成馬步，左刀屈臂於體前斜上挑，右刀緊貼右胯後斜下落，雙刀成一直綫，左刀刀刃向上，右刀刀刃向下，目視左刀柄。（圖 72）

原式步不動，右刀前挑，左刀後順，雙刀隔體相叠成一直綫，刀背向上，刀鋒分指左右，目前視。（圖 73）

圖70

圖71

圖72

圖73

25. 哪吒探海

向右側身，左腿上步與右腿相并，左刀下劈，右刀前擋，坐腿屈身，目下視。此時身仍向東南方。（圖 74）

右腿迅即後撤，成左弓步，左刀順勢下沉，右刀斜架於體前上方，探身下視。（圖 75）

向左（東北方）回身，扭步交叉下坐，左刀橫置胸前，刀刃向外，右刀高架於頂前，刀刃向上，雙刀平行，目前視。（圖 76）

26. 雲帚分掃

向前（東北）上左脚向右（東方）回身，馬步高樁，左刀後提於身後，刀背斜向右，右刀屈肘翻格，刀與地面平行，刀背向下，目視右刀。（圖 77）

圖74

圖75

圖76

圖77

原式步不動，向左（東北）回身，左刀屈肘翻格，刀與地面平行，刀背向下，右刀翻拿於身後，刀背斜向上，目視左刀。（圖 78）

原式不動，轉向正面（略向東方），左刀斜立於身前，右刀藏勢於身後，雙刀刀柄隔體相疊處成直角，目前視。（圖 79）

27. 玉女撲蝶

身向右（東方）轉，左刀下劈，右刀斜提於體右，探身向前成右弓步，目視左刀。（圖 80）

原式步不動，向左（西北方）轉身仆左腿，左刀隨腿護後，刀刃斜向上，右刀臂平肩上舉，刀刃向右，目平視。（圖 81）

圖78

圖79

圖80

圖81

收左脚落於右脚前，身右轉（東北）下蹲，雙刀順勢以刀之一面下拍，雙刀平行，刀背向右，目視刀鋒。（圖 82）

28. 撲地分金

向左撤左腿，向左（身體略向北）回身成右仆步，雙刀於體前下拖，右前左後，相接成一字，刀背向上，刀鋒向前，目視右刀。（圖 83）

身稍起（向東北），雙刀向左平抹，目視雙刀。（圖 84）

起身成左弓步（向北），右刀斜置體前，與右腿平行，刀背向上；左刀平架於腦後，刀背向下；目視右刀。（圖 85）

圖82

圖83

圖84

圖85

29. 老漢推門

身左轉，起右腿成獨立式，左刀後伸，右刀上托，雙刀平行，刀刃均向上，刀鋒分指前後，目視右刀。此時身體仍向北偏西。（圖 86）

落右脚成弓步（身向北），右臂旋腕竪刀前推，左刀前送，刀背落於左肩，刀刃斜向上，目視右刀。（圖 87）

轉身向左（西），左腿撤於右腿後，雙刀交叉於胸前，左下右上，刀刃向前，刀鋒分指左右，目前視。起右足向左，走圈（八步）一周，回原位時右足前伸。（圖 88）

30. 坐馬觀陣

向左（南方）回身，提左腿成獨立步，雙刀下垂，左前右後，刀刃向前，目前視。（圖 89）

圖86

圖87

圖88

圖89

左腿前落一大步，馬步下沉，身向西偏南，雙刀向左（南方）前推，左前右後，雙刀平行，右刀稍低，目視兩刀之間。（圖 90）

原式步不動，向右（西方）回身，右腿下仆，左刀橫擔於左肩，右刀斜置左膝前，與右腿平行，刀背斜向上，目視右腿前。（圖 91）

31. 白雲繞岫

起身（向西南），雙刀左擋，左臂平肩，右臂斜橫胸前，刀刃均向左，刀鋒下垂，目前（即西方）視。（圖 92）

收右腿與左腿相并，膝微屈，雙刀柄相合，翻腕左擺，右上左下，刀刃向前，刀鋒向左，目左顧。此時身向西南。（圖 93）

圖90

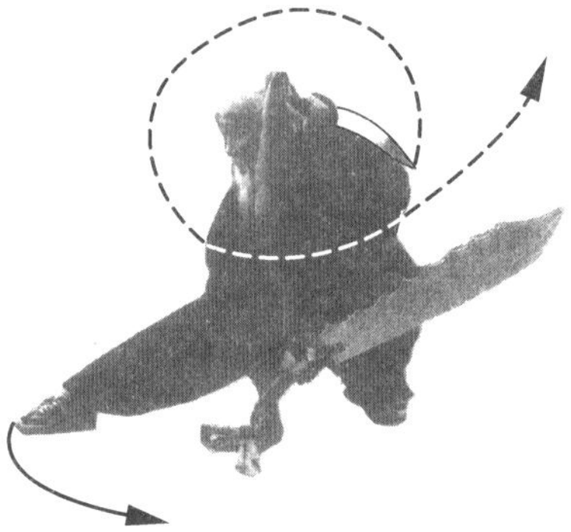

圖91

圖92

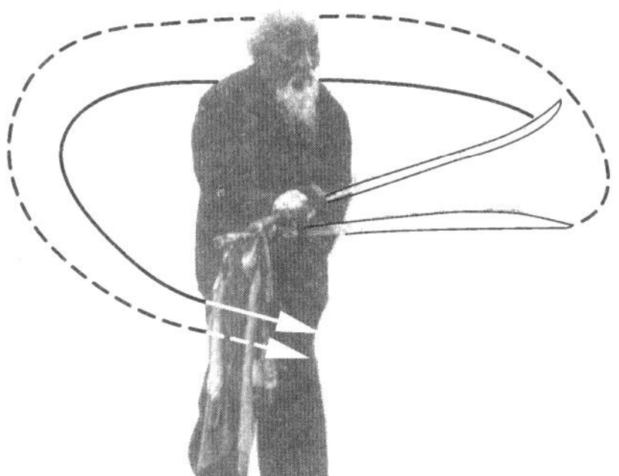

圖93

起左腿向左轉身，原式走圈（八步）一周，回原位時仍向西南方。目視雙刀。（圖 94）

32. 回馬斬將

接上式，走圈回原位時上右腿并步左轉（南方），雙刀原式不變，目視雙刀。（圖 95）

向後撤左腿左轉，向東北方回身成左高弓步，雙刀交叉於身之兩側，刀背緊貼兩腋，刀刃分向左右，刀鋒斜向上，目右盼。起右足向右轉身走圈（八步）一周，回原位時左足前伸復成左高弓步。（圖 96）

向右（東南方）回身成馬步，右刀平刀反削，刀刃向後，刀鋒右指，目視刀鋒。（圖 97）

圖94

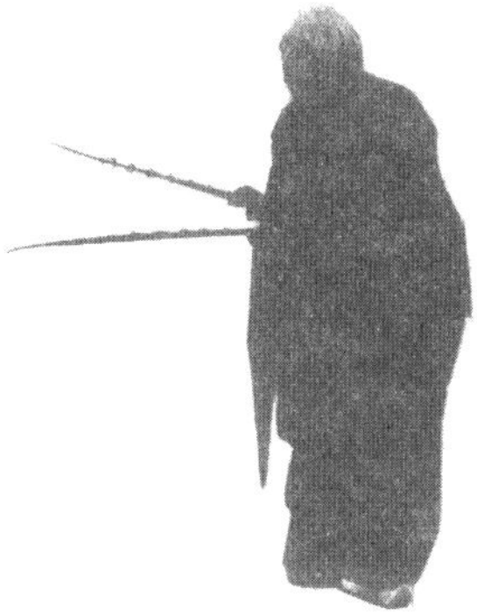

圖95

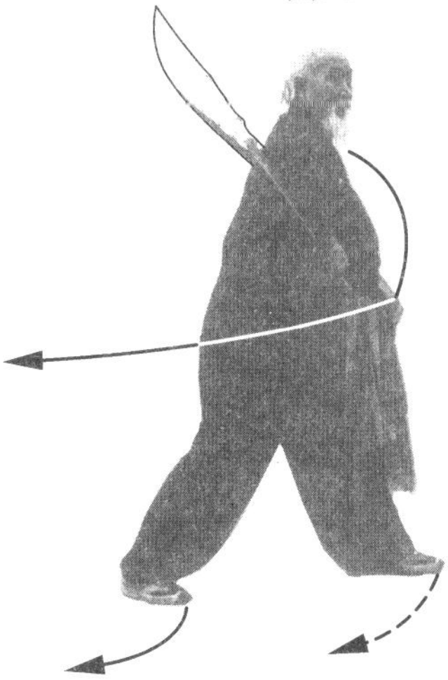

圖96

圖97

33. 解纜揚帆

原式步不動，向左（東北方）回身，雙刀同時向左下掠，躬身目視雙刀。（圖 98）

向右回身（向東南）成右仆步，右刀順勢下削，橫於右踝上，左刀屈肘架於左肩，刀刃向上，目視右刀。（圖 99）

起身馬步高樁（向東），右刀後順，斜垂於右腿後，刀背斜向上；左刀向右斜格，刀柄落於右腰前；目視左刀。（圖 100）

34. 提刀收式

原式重心右移（向東南）成弓步，右刀斜上舉，刀刃斜向上，刀鋒向左，左刀豎立於右膝前，刀刃向右，刀鋒向上，目前視。（圖 101）

圖98

圖99

圖100

圖101

起身向右走步，右刀下劈，左刀倒提，目視右刀，走圈（八步）一周，回原位時身面向南。（圖 102）

接上式走圈回原位時上左腿停步，雙刀旋腕前劈，平落於體前，目視雙刀。此時身面均向南方。（圖 103）

向前（南）上右步并腿直立，雙手回帶提刀，雙刀斜垂於體之兩側，刀背斜向上，刀鋒下指，目平視。收式時面南背北。（圖 104）

圖102

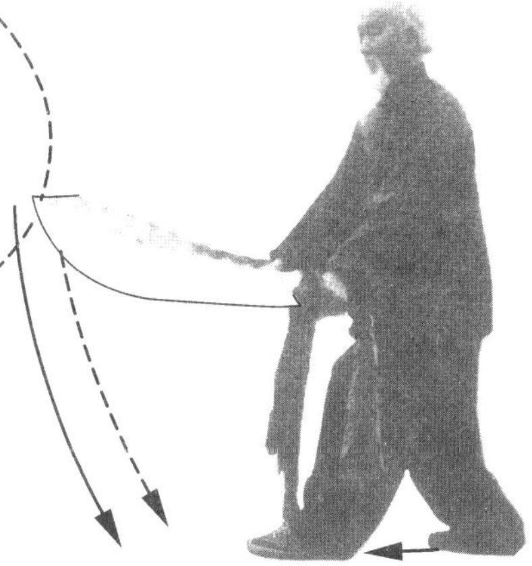
圖103

圖104

三　武當太乙八卦鷄爪鉞

武當太乙八卦鷄爪鉞譜

1. 雛鳳展翅
2. 問訊拜山
3. 哪吒探海
4. 雙蛇出洞
5. 坐馬觀陣
6. 懷中抱月
7. 燕子抄水
8. 鷂子穿林
9. 玉女坐蓮
10. 燕子抄水
11. 靈猫捕鼠
12. 坐山觀景
13. 白魚分浪
14. 白魚分浪
15. 風掃梅花
16. 靈猫捕鼠
17. 老君推山
18. 漁人撑篙
19. 燕子抄水
20. 老君推山
21. 樵子擔柴
22. 黄鶯伏翅
23. 邀鷄上籠
24. 迎賓開門
25. 羽士降龍
26. 羽士伏虎
27. 鷂子鑽天
28. 秦庭獻圖
29. 秦庭獻圖
30. 順水推舟
31. 燕子抄水
32. 蒼鷹盤翼
33. 雙鶴衝霄
34. 雛鳳展翅
35. 合鉞收式

武當太乙八卦鷄爪鉞動作圖解

演練之前，澄心息慮，鬆静自如，渾然無象。演練時，眼神基本上隨鉞運轉，面南背北，雙手提鉞直立，兩腿相并，兩足外分。(圖 1)

1. 雛鳳展翅

右腿半弧回撤一小步，左腿弧形前伸，身下坐，右鉞弧形向右上方斜舉；左鉞弧形向左下方斜伸，雙手虎口均向前；目平視。(圖 2)

2. 問訊拜山

左腿前出一小步，重心前移，兩腿前弓後跪，左鉞後擺，虎口朝前；右鉞前挑，虎口向後；目前視。(圖 3)

向前上右步，兩腿前弓後跪，右鉞後擺，左鉞上刺，虎口均向左，目前視。(圖 4)

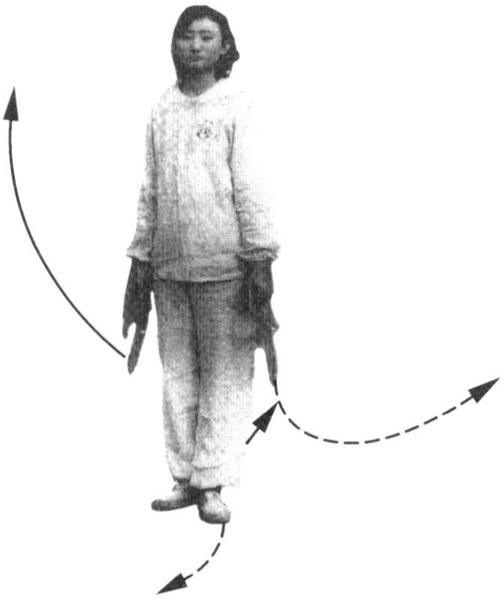

圖1

圖2

圖3

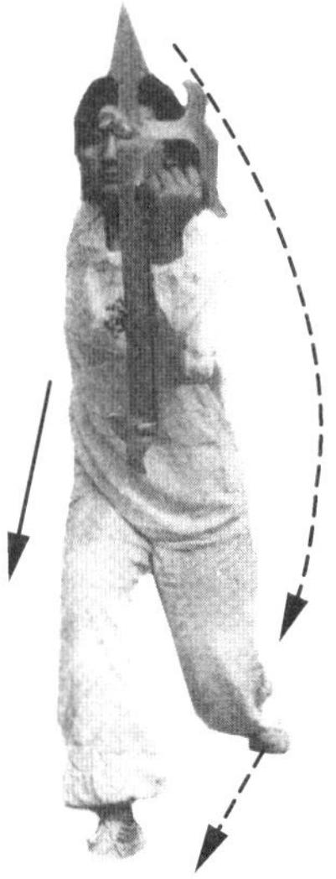

圖4

向前上左步并足下蹲，雙鉞分向體之兩側下刺，虎口相對，日平視。（圖 5）

3. 哪吒探海

左腿獨立，右腿後伸，身前俯，左鉞順左臂左刺，虎口向下；右鉞順右臂右刺，虎口亦向下，全身作十字平衡；目向前平視。（圖 6）

4. 雙蛇出洞

右脚於身後東方落下，向右轉身向東方跪左腿，右鉞於體前斜格，舉臂略高於肩，虎口向後；左鉞前刺，虎口向上；目視左鉞。此時身面向東方。（圖 7）

提左腿向前弓步，右腿半跪，左鉞後擺，虎口向前；右鉞前挑，虎口向後；目視右鉞。（圖 8）

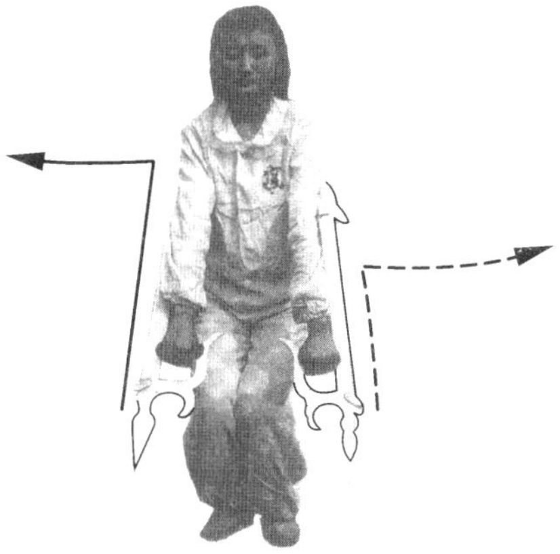

圖5

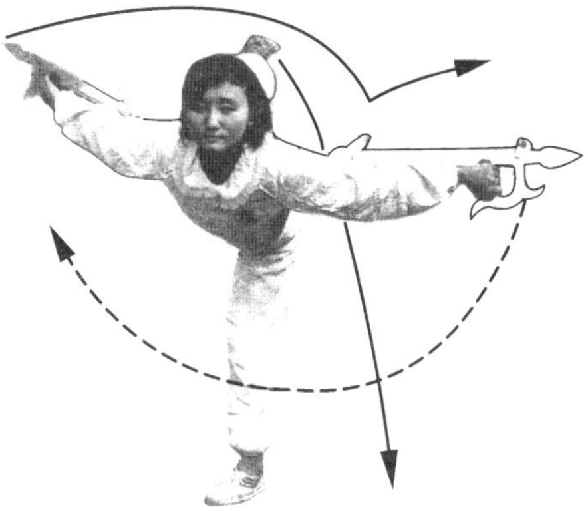

圖6

圖7

圖8

5. 坐馬觀陣

提右腿成獨立步，右鉞後帶，虎口斜向前，置於右胯上側，左鉞平肩前刺，虎口向上，目視左鉞。（圖 9）

撤右腿向後，身右轉面向南方，半馬步下坐，雙鉞左上右下，成斜一字刺出，虎口均向上，目視右鉞。（圖 10）

6. 懷中抱月

起身屈左腿後坐，面向西南，雙鉞向下斜分於兩側，虎口均向前，目前視。（圖 11）

右腿向前外擺小半步，轉身面向正西，右鉞平肩，左鉞齊胸，環抱於體前，虎口均斜向上，目視右鉞。（圖 12）

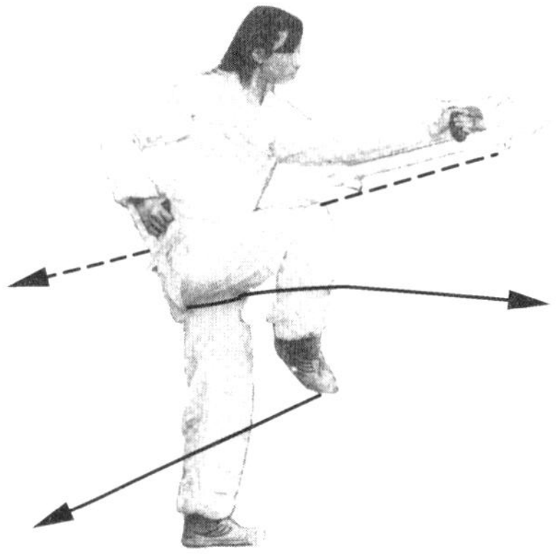

圖9

圖10

圖11

圖12

7. 燕子抄水

原地向左轉身面南，右腿弓，左腿半跪，左鉞高舉，虎口向下；右鉞斜垂於右側，虎口向前；目右盼。（圖 13）

起左腿成獨立步，右鉞平肩右刺，虎口向後；左鉞環臂置於體前，虎口向體；目視右鉞。（圖 14）

仆左腿回身，雙鉞左下右上，成斜一字分向前後刺出，虎口均向下，目視左鉞。（圖 15）

8. 鷂子穿林

起身原地左弓步，左鉞高舉，虎口向後，右鉞平肩向前直刺，虎口向上，目前視。（圖 16）

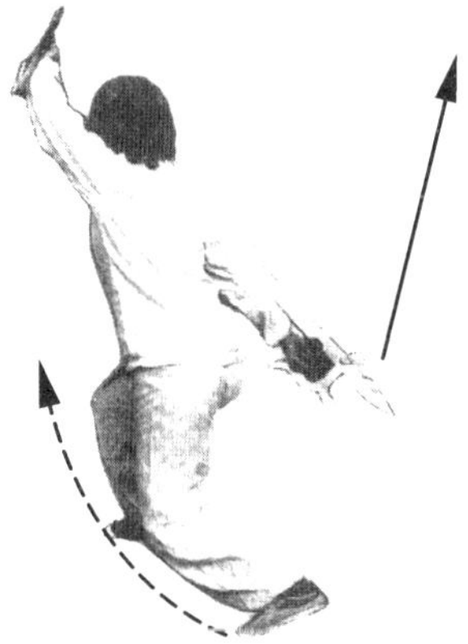

圖13

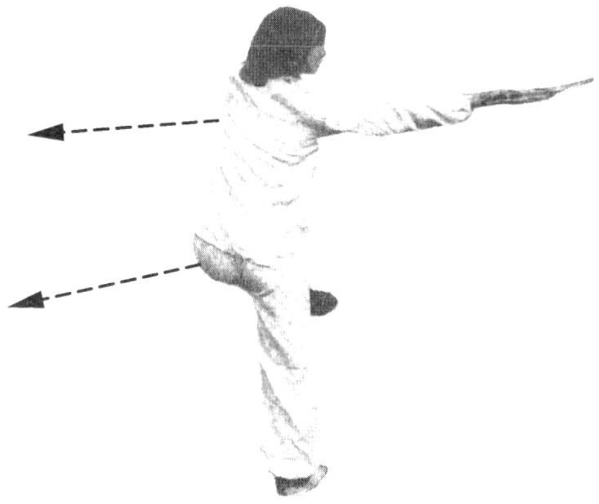

圖14

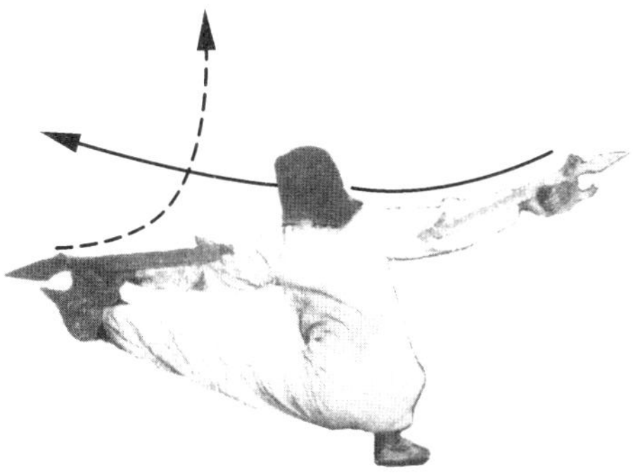

圖15

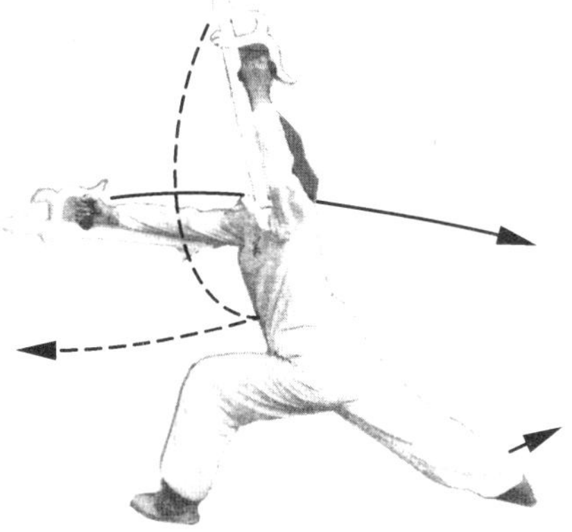

圖16

9. 玉女坐蓮

向右（西）轉身成馬步，雙鉞平肩左右分刺，虎口均向下，目視左鉞。（圖 17）

身後轉，大運腰成交叉步下坐轉向東，左鉞高舉，虎口向右；右鉞平肩向右直刺，虎口向上；目視右鉞。（圖 18）

10. 燕子抄水

起身提左腿面北成獨立步，右鉞平肩右刺，左鉞環臂置於體前，虎口向體，目視右鉞。（圖 19）

仆左腿回身，雙鉞左下右上，成斜一字分向前後刺出，虎口均向下，目視左鉞。（圖 20）

圖17

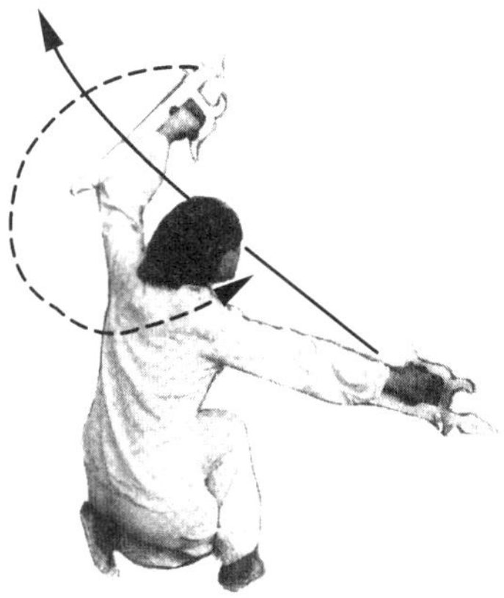

圖18

圖19

圖20

11. 靈猫捕鼠

起身向北出右腿提鉞，左撑右帶，左低右高，雙鉞平行，左鉞虎口向前，右鉞虎口向體，目視左鉞。起左脚向左走圈（八步）一周。（圖 21）

向前坐右腿回身出左腿，如前式。起右脚向右反走圈（八步）一周。（圖 22）

12. 坐山觀景

上左腿外擺（向西北）成弓步，右腿半跪，左鉞上格，虎口向左；右鉞順臂後伸，虎口向前；目視左鉞。（圖 23）

向西上右腿轉南成馬步，左鉞高揚，虎口向後；右鉞順右臂於右側向下斜伸，虎口向前；目平視。（圖 24）

圖21

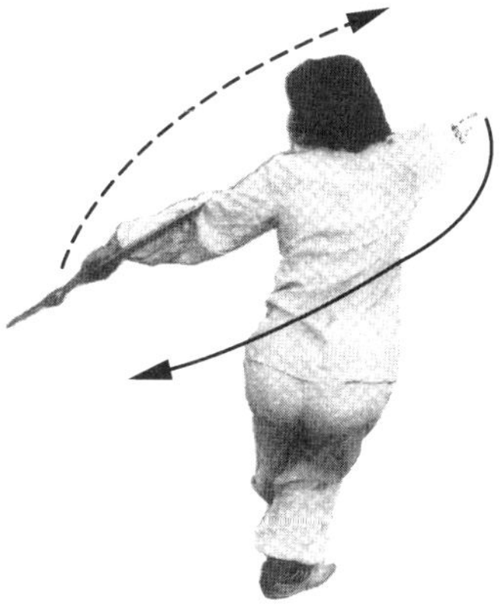
圖22

圖23

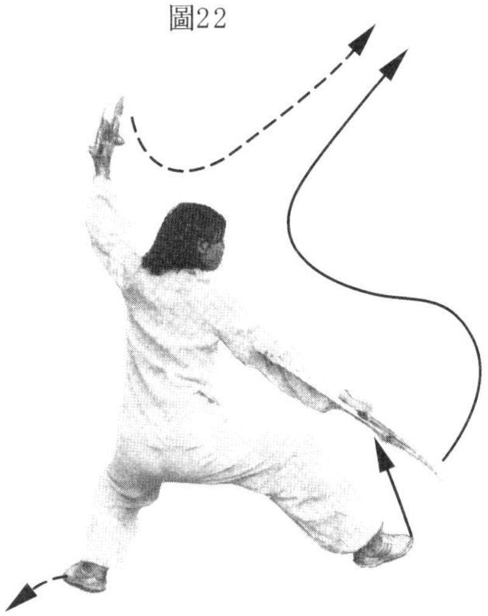
圖24

13. 白魚分浪

身左轉，左足外擺上右腿面東成弓步，雙鉞於體前向上斜刺，與肩同寬，虎口均斜向上，目視雙鉞。（圖 25）

右腿向身後回撤，身右轉面南，雙鉞回收至胸前，平肩右弓步（向西南）前後分刺，虎口均向上，目視右鉞。（圖 26）

14. 白魚分浪

向東轉身上右腿微屈，起左腿，左腳背附於右小腿後，雙鉞於體前向上斜刺，與肩同寬，虎口均斜向上，目視雙鉞。（圖 27）

左腿落於身後，轉身向北，雙鉞回收至胸前，平肩半馬步前後分刺，虎口均向下，目視左鉞。（圖 28）

圖25

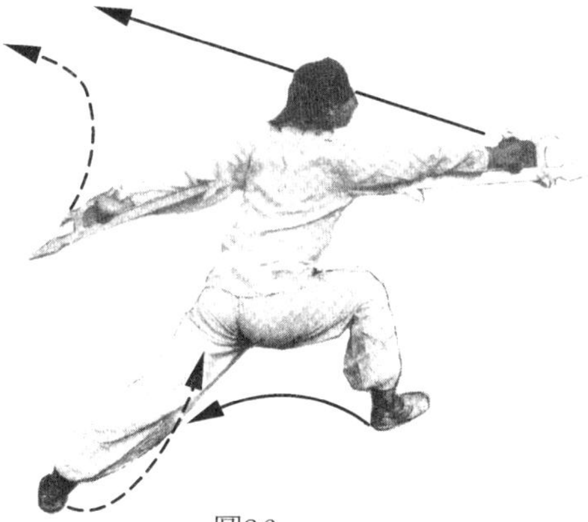
圖26

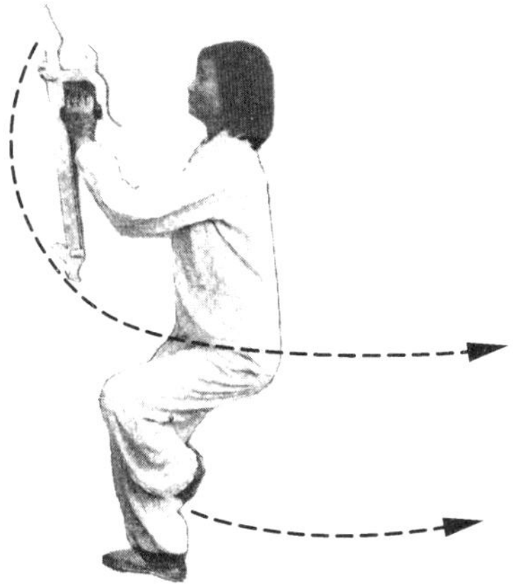
圖27

圖28

15. 風掃梅花

原式步不動，左鉞屈臂斜置體前，虎口向體，右鉞順勢後擺，虎口向下，目視左鉞。（圖 29）

重心左移（西北）成左弓步，身前探，雙鉞原式不動，目前視。（圖 30）

仆右腿下掃一圈還原面北，右鉞順右腿下刺，虎口向左；左鉞屈肘上提，虎口向體；目視右鉞。（圖 31）

16. 靈猫捕鼠

起身向北出右腿提鉞，左撐右帶，左低右高，雙鉞平行，左鉞虎口向前，右鉞虎口向體，目視左鉞，向左走圈（八步）一周。（圖 32）

圖29

圖30

圖31

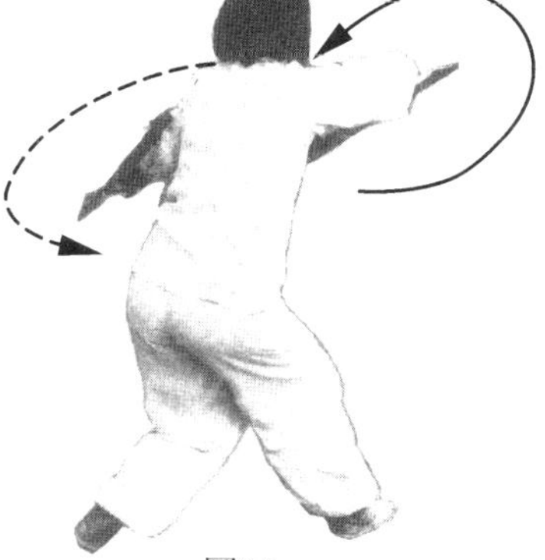

圖32

回身出左腿，如前式，向右反走圈（八步）一周。（圖 33）

17. 老君推山

上右腿面北成弓步，左腿半跪，右鉞上挑，虎口斜向後；左鉞後擺，虎口斜向前；目視右鉞。（圖 34）

雙鉞回收至腰際，動右步前弓，平肩向前直刺，虎口均向上，目前視。（圖 35）

18. 漁人撐篙

向左回身（向西）成左弓步，左鉞回帶斜橫於體前，虎口向體；右鉞順勢斜降於體側，虎口向前；目視左鉞。（圖 36）

圖33

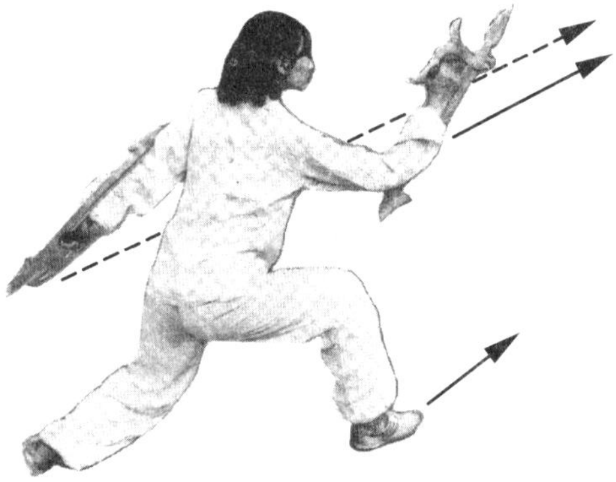

圖34

圖35

圖36

向右回身（西北）成馬步，雙鉞向右斜下刺，虎口均向上，目視右鉞。（圖 37）

雙鉞合於體前，回身向東北仆右腿，左上右下，成斜一字分向前後刺出，虎口均向上，目視右鉞。（圖 39）

19. 燕子抄水

向左側身（西）成左弓步，左鉞向左上方高舉，虎口向後；右鉞內旋順體側斜下插，虎口向左；目前視。（圖 38）

20. 老君推山

起身收右腿再出（東北）成弓步，左腿半跪，右鉞於體前沉肩橫格，虎口向右；左鉞斜置胸前，虎口向體；目前視。（圖 40）

圖37

圖38

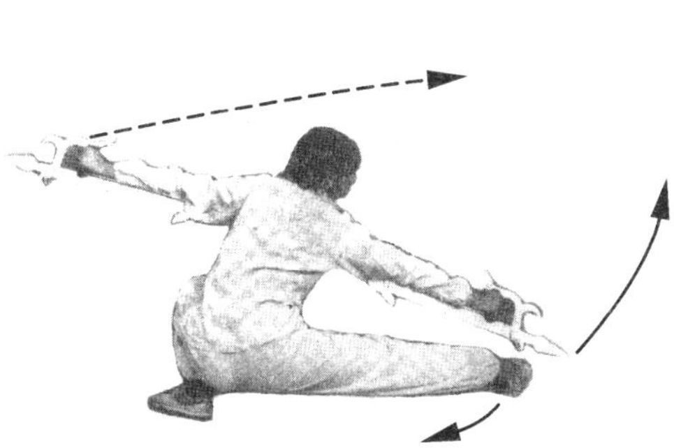

圖39

圖40

右腿先撤後復向東出成右弓步，左腿蹬直，雙鉞回帶於腰際，面東平肩向前直刺，虎口均向上，目前視。（圖 41）

轉身向左轉，向西上右腿轉身面南成馬步，雙鉞平肩，分向體之兩側直刺，虎口均向下，目視右鉞。（圖 43）

21. 樵子擔柴

原式向左回身面北，成半馬步，左鉞回帶斜橫於體前，虎口向體；右鉞順臂向右側斜伸，略低於肩，虎口向前；目視右鉞。（圖 42）

22. 黃鶯伏翅

轉身向左後轉，上右腿面北成右弓步，雙鉞翻腕外展，順勢向身後沿左腿方向斜下伸，虎口分向左右，目視左鉞。（圖 44）

圖41

圖42

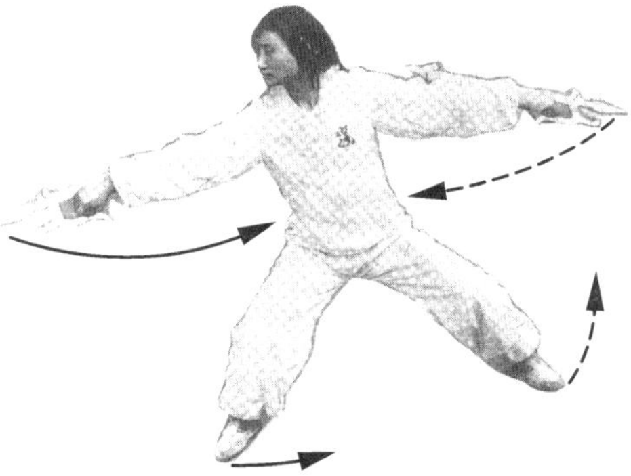
圖43

圖44

23. 邀鷄上籠

坐左腿雙鉞左右分展，右鉞平肩，左鉞略低，虎口均向下，先向左後向右各走圈一周，目前視。（圖 45）

24. 迎賓開門

接上式走圈，定步時即面東上右腿成弓步，雙鉞高舉，兩臂屈肘平肩，左鉞虎口向左，右鉞虎口向後，目視左鉞。（圖 46）

25. 羽士降龍

撤右腿於左腿後半跪，左腿弓，左鉞平肩環抱，虎口向體；右鉞落腕斜托於體前，虎口向外；目前視。（圖 47）

向前上右腿成弓步，左腿半跪，左鉞後揚，虎口向上；右鉞前壓，虎口向前；目前視。（圖 48）

圖45

圖16

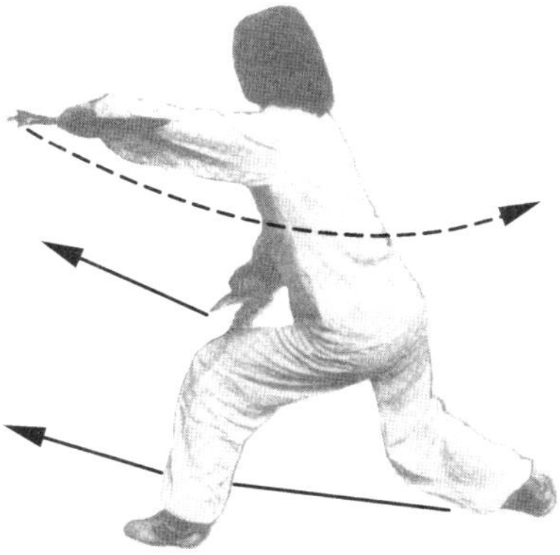

圖47

圖48

26. 羽士伏虎

向前上左步面東成弓步，右腿半跪，雙鉞左下右上，於體前分展成斜一字，虎口均向前，目前視。（圖 49）

向前（東）上右腿成弓步，左腿半跪，右鉞高舉，環臂虎口斜向上，左鉞斜橫於體前，環臂虎口斜向上，目視左鉞。（圖 50）

27. 鷂子鑽天

起身向前（東）上左步身略向左（東北）擺，右鉞下封，虎口向上；左鉞微起，虎口向體；目前視。（圖 51）

向左平退左步轉身面南，右鉞斜上刺，虎口斜向上，左鉞翻腕橫置腹前，虎口向外，目前視。（圖 52）

圖49

圖50

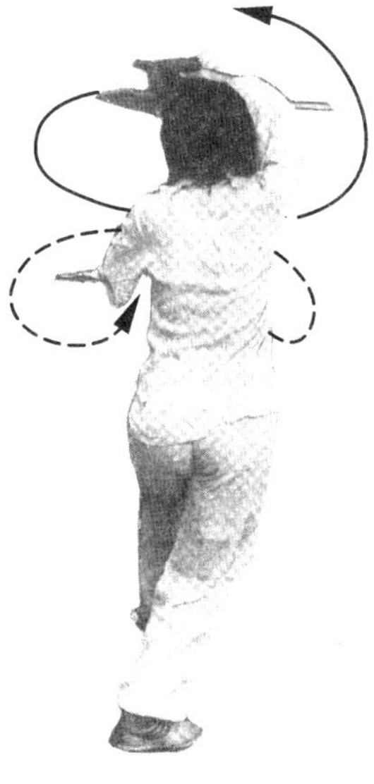

圖51

圖52

28. 秦庭獻圖

向前(南)上右腿成弓步,左腿半跪,右鉞平置於額前,虎口向上;左鉞斜橫於體前,虎口向體;目前視。(圖53)

向前(南)上左腿成弓步,右腿原地跪,左鉞高舉,虎口向後,右鉞前刺,虎口向上,目視右鉞。(圖54)

29. 秦庭獻圖

向前(南)起右腿成獨立步,雙鉞屈肘回帶,斜貼身之兩側,虎口向前,目前視。(圖55)

右腿向右後撤,身右轉向西,右腿弓,左腿半跪,右鉞高舉,虎口向後,左鉞前刺,虎口向上,目視左鉞。(圖56)

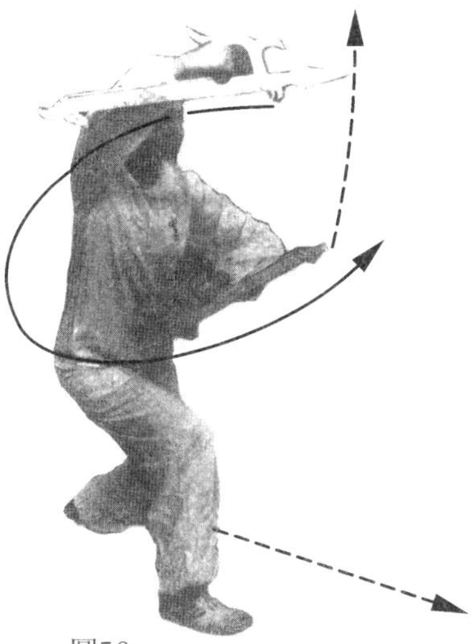

圖53

圖54

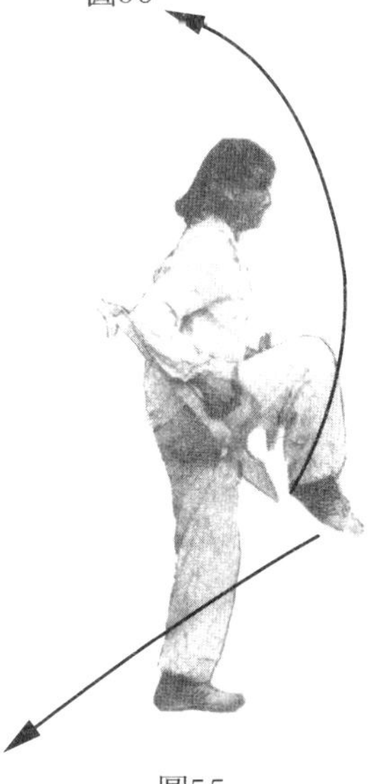

圖55

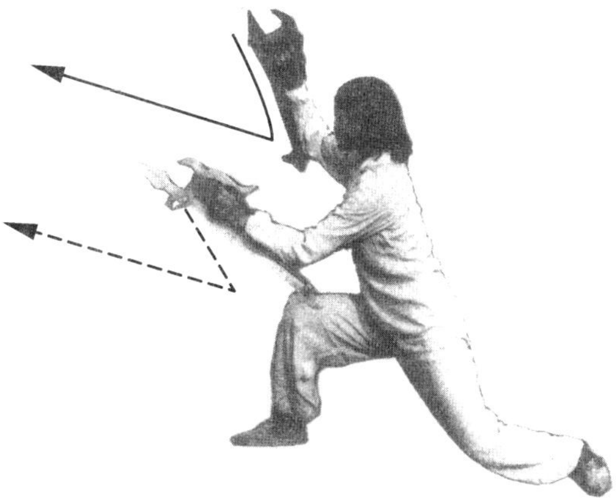

圖56

30. 順水推舟

右腿隨即前弓，左腿蹬直。雙鉞回帶，隨即向前并刺，右臂平肩直出，虎口向下；左臂屈肘，虎口向上，雙鉞平行；目前視。（圖 57）

31. 燕子抄水

右腿回收再前伸下仆，雙鉞左上右下，成斜一字向前後刺出，虎口均向下，目視右鉞。（圖 58）

32. 蒼鷹盤翼

原地旋轉三百六十度，落地時隨即向左轉身向南上右腿，成半弓半馬步。（圖 59）

33. 雙鶴衝霄

接上式變右弓步面南，雙鉞於體之兩側直臂斜上舉，虎口相對，目前視。（圖 60）

圖57

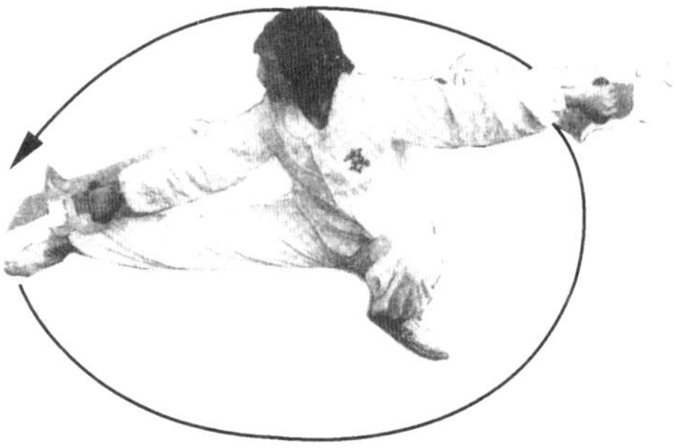

圖58

圖59

圖60

34. 雛鳳展翅

坐右腿，左腿回收向前，虛步腳尖點地，右鉞弧形向右上方斜舉；左鉞弧形向左下方斜伸，雙手虎口均向下；目平視。（圖 61）

35. 合鉞收式

活步伸左腿，雙鉞合於體側，順臂前刺，虎口向上，與肩同寬，目視雙鉞。（圖 62）

左腿後退，兩腿相并直立，兩足外分，兩臂下垂於體之兩側，提鉞外展，虎口斜向前，目平視。此時回復起式時的面南背北方向。（圖 63）

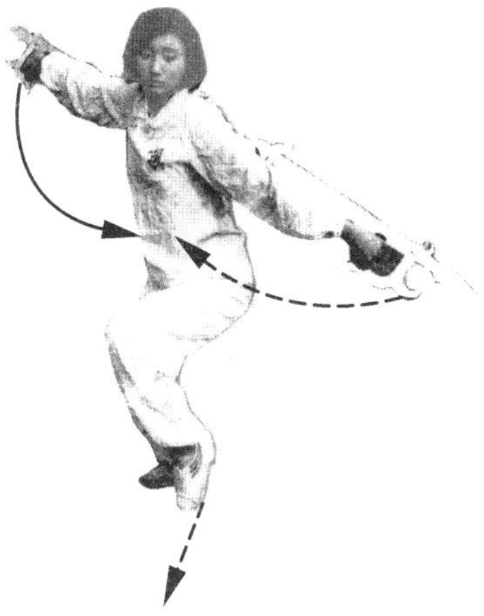

圖61

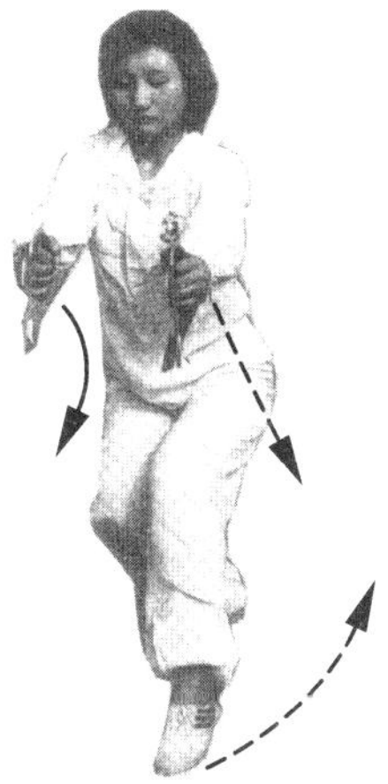

圖62

圖63